Rainer Werner

Unterrichtsideen Lyrik in den Klassen 8–10

Handlungs- und
produktionsorientierte Vorschläge

Ernst Klett Verlag für Wissen und Bildung
Stuttgart · Dresden

Als Ergänzung zu den vorliegenden Unterrichtsideen ist erschienen:
Rainer Werner: Materialien. Unterrichtsideen Lyrik in den Klassen 8–10. Handlungs- und produktionsorientierte Vorschläge.

Klettbuch 922713

Gedruckt auf Papier,
das aus Altpapier hergestellt wurde.

Die Deutsche Bibliothek – CIP-Einheitsaufnahme

Werner, Rainer:
Unterrichtsideen Lyrik in den Klassen 8–10: handlungs- und produktionsorientierte Vorschläge / Rainer Werner. – Stuttgart; Dresden: Klett, Verlag für Wissen und Bildung
[Hauptbd.]. – 1. Aufl. – 1995
ISBN 3-12-922712-1

1. Auflage 1995

Satz: Wilhelm Röck, Weinsberg
Druck und Bindung: Wilhelm Röck, Weinsberg
Einbandgestaltung: BSS Werbeagentur Sachse und Partner, Bietigheim
ISBN 3-12-922712-1

Inhalt

Einleitung

Das Unbehagen am herkömmlichen Literaturunterricht

Wenn man dem Tenor der jüngsten Veröffentlichungen in den fachdidaktischen Zeitschriften folgt, ist bei den Lehrern das Bedürfnis nach handlungs- und produktionsorientierten Unterrichtseinheiten für den Literaturunterricht in letzter Zeit gewachsen. Auch eine größer werdende Zahl an Veröffentlichungen der Schulbuchverlage zu dieser Thematik scheint dies zu belegen. Was sind die Gründe dafür, daß sich dieser Ansatz unter den Deutschlehrern einer wachsenden Beliebtheit erfreut?
In einem Heft der Zeitschrift „Praxis Deutsch“, das sich ausschließlich diesem Verfahren der Literaturerschließung gewidmet hat (Praxis Deutsch Nr. 123, Januar 1994; Erhard Friedrich Verlag, Velber.), setzen sich die Autoren des Basisartikels Haas, Menzel und Spinner mit dieser Fragestellung auseinander. Sie führen aus, daß jenseits der wechselnden fachdidaktischen oder literaturtheoretischen Moden die Praktiker in den Klassenzimmern immer mehr das Bedürfnis verspüren, die oft bei Schülern anzutreffende passiv – konsumtive Haltung durch neue, die Eigentätigkeit fördernde Methoden aufzubrechen. Zudem sei angesichts der augenscheinlichen Erfolglosigkeit des analytisch – verbalen Literaturunterrichts im Hinblick auf die Förderung einer Lesemotivation, die über die Schulzeit hinausreicht, ein neuer Akzent in Richtung ganzheitlicher Erschließungsmethoden dringend geboten. Der Lehrer, der jahrelang das traditionelle Verfahren des Literaturunterrichts praktiziert hat, das auf dem von kognitiven Zielen und Einsichten geprägten unterrichtlichen Diskurs aufbaut, ist in Gefahr, den Blick dafür zu verlieren, daß ihm im Laufe der Zeit nur noch die intellektuell Begabten und die verbal Versierten folgen, während die mehr praktisch oder künstlerisch orientierten Schüler immer mehr ins unterrichtliche Abseits geraten. Dieses Dilemma kann ein auf der produktions- und handlungsorientierten Methode aufbauender Literaturunterricht mindern, wenn er über längere Zeit verfolgt wird, vielleicht sogar lösen.

Was sind die Vorzüge dieser Methode?

Die Schüler nähern sich einem Text auf sinnlich-tätige Weise. Die erste Fragestellung ist nicht die nach einem Inhalt, einem zentralen Bild oder gar dem Sinn des Ganzen, sondern danach, wie sie selber den Text so verändern oder in eine Fassung bringen können, die das Interpretieren erst ermöglicht. „... wenn Schülerinnen und Schüler selber Texte ergänzen, zusammensetzen, umgestalten, inszenieren, dann gewinnen sie ein handwerkliches Verhältnis zur Literatur, sie sehen sich angehalten, genau zu lesen, und können zugleich ihre eigenen Vorstellungen einbringen.“ (Haas, Menzel, Spinner: Basisartikel, ebd. S. 19f.) Bei diesem Umgestalten, Wiederherstellen oder Montieren erfahren die Schüler deshalb mehr über das Bauprinzip eines Textes als bei der analytisch-fragenden Methode, weil sie in ein mitschaffendes Verändern oder Wiederherstellen des Textes einbezogen sind.

Welche Gefahren sollte man vermeiden?

Die Texte, die sich für diese Methode eignen, müssen sorgfältig ausgewählt werden. Es macht keinen Sinn, dieses Verfahren zwanghaft – weil man ihm eine bessere Motivation für die Schüler unterstellt – immer und überall anwenden zu wollen. Dies führt zu methodischer Beliebigkeit, letztlich zu Leerlauf, weil dann diese kreative Methode nur zum technischen Aufhänger für die Präsentation eines Textes, jedoch nicht zum Ausgangspunkt einer Textinterpretation wird. Die Schüler merken dann sehr schnell, daß sie „kreativ beschäftigt", nicht aber an einen Text herangeführt werden, den es gilt, durchaus auch mittels analytischer Durchdringung zu verstehen. Das produktionsorientierte Verfahren ist also nicht Aufhänger einer Textinterpretation, bloßer Einstieg, sondern ihr erster Schritt. Deshalb muß der Arbeitsauftrag an die Schüler sehr sorgfältig erwogen und vom Interpretationsergebnis her – quasi rückwärts – bestimmt werden. Will man z. B. den Schülern die spezielle Aussagekraft der Farben in den Gedichten Trakls vermitteln, wird man sie in einer veränderten Textfassung die Adjektive selber ergänzen lassen. Diese sprachliche Arbeit und die Diskussion darüber führt in den Kern der Deutung. Will man – um ein anderes Beispiel zu nennen – die stumme Gestik der Nixe in Kellers „Winternacht" verstehen, kann man Schüler diese Rolle im Gedicht versprachlichen lassen. Damit stößt man vor in den Bereich der Kernaussage des Gedichts.
Erfahrungen zeigen, daß Schüler nach dem gestalterischen Teil sehr gerne auch analytisch über Texte reden; allerdings in Verbindung mit ihren eigenen „Fassungen". Deshalb müssen diese ernst genommen werden. Es ist motivationstötend, wenn der Lehrer allenfalls *ein* Beispiel einer Schülerproduktion auswertet, um möglichst schnell zum analytischen Teil übergehen zu können. Dann wird für die Schüler dieser Ansatz tatsächlich zu einer Alibiveranstaltung innerhalb eines ansonsten lieblosen und lehrerzentrierten Unterrichts.

Aufsatzthemen mit produktionsorientiertem Ansatz?

Aufsatzthemen werden oft auch noch von den Deutschlehrern konventionell gestellt, die im Unterricht selber das produktionsorientierte Verfahren der Texterschließung anwenden. Dabei spielt sicher die Scheu eine Hauptrolle, Aufgaben zu stellen, deren Objektivierbarkeit nicht vollständig gegeben ist. Darunter leide dann die Leistungsmessung, die ja beim Aufsatz im Mittelpunkt stehe – so ein häufiges Argument. Wenn man bei einem Aufsatz nur Texte rekonstruieren läßt und auf interpretatorische Fragestellungen ganz verzichtet, bewerte man nur die Kreativität. Wenn man die Rekonstruktionsarbeit als Voraussetzung für die Interpretation begreift, sei dem Zufall Tür und Tor geöffnet. Die Schüler interpretieren dann u. U. völlig unterschiedliche Texte, je nachdem die Ergebnisse des „Schneidens und Klebens" (dabei mitschwingender Vorwurf: „Didaktik der Schere") ausgefallen seien. Solche Bedenken sind nach meiner Erfahrung mit Aufsatzthemen überflüssig. Wenn die Aufgabenstellung sorgfältig vorgeplant ist, sind die Ergebnisse für den Lehrer berechenbar, vor allem dann, wenn die Klasse schon über genügend Erfahrung mit dem handlungsorientierten Ansatz verfügt. Wenn dann doch Abweichungen und Unterschiede bei den Ergebnissen entstehen und die dann vom Schüler zur Grundlage seiner anschließenden Deutung genommen werden, schadet das gar nichts. Im Gegenteil. Beim Interpretieren der spezifischen Resultate erfährt der Lehrer sehr viel über das Textverständnis, das den Schüler beim Arbeiten mit dem Substrat des Textes geleitet hat. Bewertet wird dann nicht nur das Ergebnis und dessen Stimmigkeit (die nicht die Stimmigkeit des Originals zu sein braucht), sondern auch die Begründung, die der Schüler für „seine Fassung" bei der anschließenden Interpretation liefert.

Zur Konzeption dieses Bandes

Das Buch setzt den in derselben Reihe erschienenen Band „Lyrik in der Sekundarstufe II" (Klettbuch Nr. 922681) für die Sekundarstufe I fort. Im Unterschied zum ersten Band, wo in chronologischer Folge Gedichte bekannter Autoren vorgestellt wurden, sind die Sequenzen hier thematisch geordnet. Nach einer mehr methodisch orientierten Einheit „Hinführung zum Gedicht" folgen Gedichte zu den Motiven „Stadt", „Liebe" und „Jahreszeiten". Vom Umfang her eine Sonderstellung nehmen die Anfangskapitel „Balladen" ein, die in die Abteilungen klassische und moderne Balladen gegliedert sind.
Bei den einzelnen Sequenzen wurde ausdrücklich auf eine Empfehlung für bestimmte Klassenstufen verzichtet. Die Balladen-Einheit bildet hiervon die einzige Ausnahme. Es hat sich eingebürgert und auch bewährt, die klassischen Balladen in den Jahrgangsstufen 7/8, die modernen Balladen eher in den darauffolgenden Klassen zu behandeln. Aber auch hier sind Ausnahmen denkbar und je nach Lernstand der Lerngruppe sogar angebracht. Bei den thematisch gebundenen Einheiten „Stadt", „Liebe" und „Jahreszeiten" wird der Lehrer bei der Auswahl der Gedichte so verfahren, daß er – ausgehend vom vorgeschriebenen Rahmenplan – seine Vorlieben für einzelne Gedichte versucht mit den Fertigkeiten und dem Reifegrad der Klasse in Einklang zu bringen. Es ist keinesfalls nötig, jeweils die ganze Sequenz am Stück im Unterricht zu besprechen. Das ist bei Lyrik vielleicht generell nicht der richtige Weg. Sinnvoller ist es vielleicht, Gedichte aus den einzelnen Sequenzen so in den Unterricht einzubauen, daß sie Bezüge ermöglichen zu den anderen Stoffen des Literaturunterrichts. So könnte die Besprechung von Kurzgeschichten zum Thema „Liebe" durch einige der hier vorgestellten Liebesgedichte abgerundet werden. Bei Erzählungen, in denen das Stadtleben eine Rolle spielt, könnte man mit den Stadtgedichten analog verfahren. Lediglich die Einheit „Hinführung zum Gedicht" ist lehrgangartig angelegt

und sollte auch in einer gewissen Kontinuität durchgeführt werden. Mit dieser Sequenz könnte durchaus schon in Klassenstufe 8 begonnen werden. Wiederholungen und vertiefendes Üben sind bei der handwerklich angelegten Einheit ohnehin angebracht.

Welche Methoden des produktionsorientierten Ansatzes werden in diesem Band angewendet?

Vorgestellt werden vielfältige Formen der Montagetechnik, die auf kreativ-spielerische Weise die Rekonstruktion des Bauprinzips eines Gedichts ermöglichen. Darunter fällt z. B. die Aufgabe, aus Versmischungen, Strophenvertauschungen oder aus fingierten Texten, denen zwei Gedichte zugrunde liegen, das Originalgedicht wiedererstehen zu lassen. Diese Beschäftigung zielt also mehr auf das Kombinationsvermögen und auf formal-strukturelle Kenntnisse und Fertigkeiten des Schülers. Allerdings darf auch hier der inhaltlich-thematische Zusammenhang nicht völlig vernachlässigt werden.
Verwandt mit diesen Verfahrensweisen ist das Ausfüllen von Leerstellen im Gedicht. Das können einzelne Wortarten sein (Adjektive, Verben etc.) oder einzelne Strophen. Beliebt und hier auch häufig angewendet ist die Aufgabe, die Schlußstrophe des Gedichts zu antizipieren oder eine alternative Kommentarstrophe zu der des Dichters zu schreiben.
Dieser letzte Ansatz führt zu noch selbständigeren Schreibaufgaben, z. B. wenn die Schüler aus einer Prosavorlage ein Gedicht schreiben oder eine Zeitungsmeldung in eine Moritat transformieren sollen.
Ein besonders schöpferisches Verfahren ist das rollengemäße Schreiben, bei dem sich die Schüler in eine vorgeschriebene Rolle – sprich Figur – im Gedicht hineinversetzen und dazu einen Text schreiben sollen. Hier sind viele Textvarianten möglich: erfundene Lebensgeschichten, Tagebuchnotizen, „Seelsorge – Briefe“ an das lyrische Ich, Briefe an Nebenfiguren des Gedichts, ja ganze Szenen mit Regieanweisungen. Bei diesen Schreibaufgaben spielt das Erfassen der Textaussage eine größere Rolle als bei den mehr restaurierenden Formen. Die Schüler müssen die wesentlichen Geschehnisse im Gedicht, bildliche Aussagen und symbolische Verschlüsselungen verstehen, um die ihnen zugedachte Rolle verbalisieren zu können.
Die Arbeitsblätter zu den einzelnen Gedichten, die auch die genaue Arbeitsanweisung an die Schüler enthalten, finden sich im Materialienband. Im Lehrerband wird in den methodischen Kapiteln jeweils auf die Arbeitsblattnumerierung des dazugehörigen Arbeitsblattes verwiesen. Aus der Inhaltsübersicht über den Materialienband kann der Lehrer auf einen Blick den Gegenstand der Sequenz und die bei den Gedichten jeweils angewandte Methode ablesen. Dies erleichtert die Planung des Unterrichts, ermöglicht schnelle „Verzahnungen“ zwischen den Einheiten oder Weiterführungen mit der schon anderswo praktizierten Methode.

Es bleibt zu hoffen, daß dieser Band viele Benutzer finden möge. Die hier gezeigten Vorgehensweisen sind – wiewohl teilweise mehrfach praktisch erprobt – keine dogmatisch zu befolgenden Richtlinien. Jeder schöpferische und offene Literaturunterricht wird Vorgegebenes und Erprobtes weiter akzentuieren oder variieren, ja mitunter Neues hervorbringen und so zur Weiterentwicklung des methodischen Rüstzeuges unseres Faches beitragen.
Zu danken habe ich Schülern der Schulfarm Insel Scharfenberg in Berlin, die mit Kreativität und Geduld die meisten der Sequenzen mit erprobt haben. Zu Dank verpflichtet bin ich auch Dagmar Denzin, die mit fachkundigem Rat, vielfältigen Anregungen und mit solidarischer Ermutigung auch diesen Band begleitet hat.

Berlin, Juli 1994 Rainer Werner

1 Balladen

Didaktische Begründung

Balladen haben bis heute einen festen Platz im Deutschunterricht der Sekundarstufe I behalten. Das Auf und Ab der didaktischen Moden haben dieser Gattung nichts anhaben können. Selbst als in den 70er Jahren der gesellschaftskritische Ansatz gefragt war, blieben die Balladen im „Programm". Sie wurden damals lediglich „gegen den Strich gebürstet", d. h. auf ihren kritischen Impetus hin „befragt". So konnte man in einem Lesebuch mit dem damals programmatischen Titel „Kritisches Lesen" den alten Schulbuchklassiker „Archibald Douglas" von Theodor Fontane im Kapitel „Helden" neben Winnetou und Mr. Spock (aus Raumschiff Enterprise) wiederfinden. Die Treue und Heimatliebe des Douglas wurde natürlich „kritisch hinterfragt" und als unwürdige Unterwerfung gedeutet, der Held mithin demontiert. Überhaupt dominierten damals die sozialkritischen Balladen eines Heine, Brecht oder Biermann. Am Axiom, die Schüler auf der Altersstufe zwischen 12 und 14 mit Balladen zu konfrontieren, hielten auch diese Schulbuchautoren mit ideologiekritischem Anspruch fest. Was ist der Grund, weshalb Balladen in der 7. und 8. Klasse der Mittelstufe zum unverwüstlichen Repertoire des Deutschunterrichts gehören? Robert Ulshöfer hat in seinem Didaktik-Klassiker „Methodik des Deutschunterrichts – Mittelstufe I" ausgeführt, daß die Balladen die Seelenlage der Kinder dieser Altersstufe deshalb besonders treffen, weil sie gerade an der Schwelle zum „kritisch-realistischen Weltbild des Erwachsenen" (Ulshöfer) stünden und deshalb für die ambivalente Stimmungslage der Ballade zwischen Realität und Magie besonders empfänglich seien. Die Ballade könne den Schülern helfen, mit ihrer Gemütslage in dieser Umbruchszeit besser klarzukommen, indem sie lernten, daß es im menschlichen Leben nie rein rationale Entscheidungen gebe, daß auch unser Dasein von Tragik, Konflikten und unwägbaren Einflüssen bestimmt sei.

Die Altersstufe der 10- bis 12jährigen verfügt in der Regel noch nicht über die Einsicht und Reife, die in den Balladen dargestellte Gefährdung des Menschen zu ermessen. Sie sind noch zu sehr befangen im naiv-magischen Weltbild des Kindes, das sich an Kobolden, Hexen und Zwergen erfreut oder sich davor fürchtet. Wenn der Lehrer dennoch Balladen auf dieser Stufe behandeln will, um deren Besprechung in den Klassen 7 und 8 vorzubereiten, sollte er zu Volksballaden greifen, weil sie „naiver" und deshalb unmittelbarer zu verstehen sind als die Kunstballaden der Dichter.

Die Ballade sollte die Schüler die ganze Mittelstufe hindurch begleiten. Als Fortführung in den Klassen 9 und 10 bietet sich das moderne Erzählgedicht an, das in unterschiedlicher Form, z. B. als Song oder als ironische Neubelebung des Bänkelliedes oder der Moritat, auftritt. Der überwiegend gesellschaftskritische

Gestus dieser Formen und ihre in der Regel ironische, saloppe oder gewollt – slanghafte Sprache kommt dem Lebensgefühl der Schüler in und nach der Pubertät entgegen. Das satirische und oft zynische Moment dieser modernen Formen liegt den Schülern eher als der dramatisierende und geheimnisvolle Ton der klassischen Balladen, den sie auf dieser Altersstufe – als Abwehr zu vieler Gefühle – in der Regel mit einem Kitsch-Verdacht belegen.

Zur Textauswahl

Die Möglichkeit der Textauswahl ist bei den Balladen unendlich groß. In diesem Buch, das in der Methodik dem handlungs- und produktionsorientierten Ansatz verpflichtet ist, wird die Auswahl auf die Texte beschränkt, an denen sich dieser Ansatz in anschaulicher Form zeigen läßt. Das bedeutet nicht, daß andere Balladen einen geringeren Wert für den Unterricht hätten. Fast alle Didaktiker schlagen als methodisches Verfahren das Einhören in die Klanggestalt der Balladen vor. Hier hat das Wort Goethes, das Geheimnis der Ballade entspringe aus der Vortragsweise, Pate gestanden. Solange der Lehrer mit dem Vortrag betraut wird, ist gegen den gekonnten Vortrag als Einstieg nichts einzuwenden. Problematisch wird es jedoch, wenn – wie es Ulshöfer tut – Schüler eine fremde Ballade nach häuslicher Vorbereitung sinnbetont vortragen sollen. Nach meiner Erfahrung ist das eine eindeutige Überforderung und führt in die Irre. Allenfalls nach der vollständigen Besprechung können Schüler diesem Anspruch gerecht werden. Oder der Lehrer macht den Gedichtvortrag selbst zum Thema der Deutung, indem gemeinsam Varianten des Vortragens erprobt und auf ihre Stimmigkeit hin befragt werden.
Beim produktionsorientierten Ansatz geht es jedoch um mehr. Er soll wegführen von der konventionellen Methode der Textbefragung, in die nach dem Einhören die Besprechung – so auch bei Ulshöfer – immer mündet. Die Schüler sollen sich eigentätig und kreativ mit dem Text auseinandersetzen, so daß die inhaltliche Deutung ihnen durch die Bearbeitung des Sprachmaterials leichter fällt als beim Antworten auf die Leitfrage des Lehrers.
Bei der Darbietung der Balladen innerhalb der Sequenz wurde darauf geachtet, daß möglichst unterschiedliche methodische Ansätze zum Zuge kommen. Der Lehrer lernt die ganze Bandbreite des produktionsorientierten Verfahrens kennen. Auch bei Teilaufgaben oder Hausaufgaben wurde darauf geachtet, daß durch die Art ihrer Formulierung die Eigeninitiative der Schüler geweckt wird. Die innerhalb der Kapitel „Weiterführungsmöglichkeiten" aufgeführten Balladen führen in der Regel das bei der ersten Ballade innerhalb der Gruppe vorgestellte Verfahren fort, so daß ein im Unterricht oft erwünschtes vertiefendes Wiederholen möglich ist. Manchmal ergeben die innerhalb einer Gruppe vorgestellten Balladen auch eine thematische Einheit, so daß eine inhaltliche Kohärenz ge-

geben ist (z. B. in der Gruppe des „Erlkönigs“ das Thema „Grusel- und Schauererlebnis“).
Die Sequenz beginnt mit der Ballade von Brecht „Der Schneider von Ulm“, die in einem lapidaren, fast kindlich anmutenden Stil geschrieben ist. Sie endet mit dem Triumph des Bischofs, spart also die historische Wahrheit aus. Die Schüler sollen – ausgehend von ihrem geschichtlichen Wissen oder eigenen „Flugerlebnissen“ – die von Brecht aus didaktischen Gründen „unterschlagene“ Strophe ergänzen. Beim „Zauberlehrling“ ist die Kreativität der Schüler bei der Herstellung einer textlichen Chronologie gefragt. Sie sollen aus einer absichtlich vermischten Textfolge das in der richtigen zeitlichen Folge stehende Original rekonstruieren. Dadurch lernen sie die Dramatik kennen, die Goethe in den zeitlichen Ablauf hineingelegt hat. Beim „Handschuh“ geht es um den Schluß. Er wird beim Austeilen des Textes unterschlagen. Die Schüler sollen ihn erraten. Aus den dabei auftretenden Varianten wird dann im Gespräch der Schillersche Schluß entwickelt und erläutert. Die Besprechung des „Erlkönigs“ beginnt mit einer vom Lehrer verfaßten Zeitungsmeldung über den geheimnisvollen Tod des Kindes auf dem nächtlichen Ritt. Die Schüler sollen daraus eine Erzählung schreiben, in der das Rätsel der Todesursache – die in der Zeitungsmeldung offen geblieben ist – gelöst wird. Im Kontrast zu der von den Schülern vermuteten Todesursache wird dann die von Goethe intendierte, „naturmagische“ Ursache präsentiert und besprochen. Den Abschluß bei der Besprechung der klassischen Balladen soll „Die Brücke am Tay“ bilden. Hier geht es ebenfalls um „Ursachenforschung.“ Im Mittelpunkt steht die Frage, warum die Brücke einstürzt. Die Schüler erhalten zuerst nur den Mittelteil des Textes und sollen, von ihm ausgehend, diese Frage zu beantworten suchen. Die Lösung erfolgt dann „von außen“: Vier Schüler haben – durch den Lehrer instruiert – zu Hause den Text der beiden Rahmenstrophen für den Vortrag geübt und tragen ihn auf ein Zeichen des Lehrers vor. Das Gespräch über die darin verkörperten Rollen der Hexen (Winde) führt dann zum Kern der von Fontane gewollten Aussage.

Zur Gattung der Ballade

Der Begriff geht zurück auf das südfranzösische Wort „ballada“, was so viel wie Tanzlied bedeutet. Es waren Lieder, die zu Tänzen gesungen wurden und die wohl Sagen, Heldentaten aus Kriegen und Eroberungen, aber auch Liebesbekundungen zum Inhalt hatten. Auch wenn die vortragenden Spielleute oft Ritter waren, gingen die Inhalte vielfach auf Überlieferungen aus dem Volk zurück. Deshalb werden diese ursprünglichen Balladen heute auch Volksballaden genannt. Viele der ab dem 18. Jahrhundert von Dichtern verfaßten Kunstballaden verarbeiteten Stoffe aus dem Mythenschatz der Volksballaden, so z. B. als berühmtes Beispiel Goethes „Erlkönig“. Die Kunstballade mit ihrem Höhepunkt im 18. und 19. Jahrhundert hat in der Regel zwei Handlungsebenen. Ein reales

Geschehen und eine dahinter sichtbare oder nur zu erahnende irrationale, magische Dimension. Die Hauptfigur der Ballade ist bedroht von der unfaßbaren, geheimnisvollen Macht der zweiten Ebene und muß sich in diesem Kampf bewähren. Oft gestaltet wurde in Balladen der magische Zusammenhang von Mensch und Natur. Denkbar ist ebenfalls, daß sich dieser Konflikt im Inneren des Helden abspielt, daß seine Bewährung darin liegt, dem Bösen, Bedrohlichen und Verführerischen in sich zu widerstehen. Manche Balladendichter haben daraus moralische Lehrsätze abgeleitet. Man denke dabei nur an die Ideen-Balladen von Schiller.

Die Ballade wurde oft, weil ihre Grundhaltung episch ist, als erzählendes Gedicht bezeichnet. Goethe hat jedoch schon darauf hingewiesen, daß sich der Balladendichter „aller drei Grundarten der Poesie“ bediene, daß man mit der Ballade quasi das „lebendige Ur-Ei“ der Dichtung vor sich habe (Goethe: Ballade, Betrachtung und Auslegung. In: Werke. Hamburger Ausgabe, Bd. 1, München 1982, S. 400). Je nach Gegenstand und Intention des Dichters steht eine der drei poetischen Sprechweisen im Vordergrund.

Um die Jahrhundertwende zum 20. Jahrhundert gerät die klassische Form der Ballade in die Krise. Der unheldische, ungläubige, d. h. sich aufgeklärt dünkende Mensch unseres Zeitalters verlangt nach einer neuen Verarbeitung der Wirklichkeit. So entstehen nach dem 1. Weltkrieg unterschiedliche Formen von Erzählgedichten, die man als die Nachfahren der Ballade bezeichnen kann. In Anlehnung an die Vagantenlieder eines Villon und die Moritaten und Bänkellieder werden Chansons, Songs und Couplets geschaffen, die in den Revuen der neu entstandenen Kabaretts zur Darbietung kommen. Mit Brecht entsteht der Typus des lehrhaften Erzählgedichts, das in sachlich-nüchterner Sprache gesellschaftskritische Einsichten mitteilt. Stilmerkmal seiner Ballade ist der völlige Verzicht auf Pathetik und Einfühlung in den Helden. Ja, man kann bei seinen Figuren geradezu von Anti-Helden sprechen, da er mit Vorliebe Alltagsmenschen in ihren gesellschaftlichen Verstrickungen zeigt. Wolf Biermann hat den modernen Balladentypus weiter vervollkommnet, indem er die sachlich-lakonische Ausdrucksweise eines Brecht mit frivol-witzigen Elementen mischt.

Soziales Leben in der Ballade

Bertolt Brecht: „Der Schneider von Ulm“

Obwohl es sich nicht um eine klassische Ballade handelt, empfiehlt es sich dennoch, mit diesem Text die Balladen-Sequenz zu beginnen. Das Gedicht ist in seiner Aussage und seiner sprachlichen Gestaltung so einfach, daß es kaum auf Schwierigkeiten stoßen dürfte. Brecht hat es als Kinderlied bezeichnet. Der Lehrer hat dann die Gelegenheit, den Schwierigkeitsgrad sukzessive zu steigern.

Interpretationsskizze

Am 30. Mai 1811 versuchte der Ulmer Schneidermeister Berblinger mit einem Fluggleiter von einem Turm herabzufliegen. Dabei stürzte er in die Donau und überlebte. Bei Brecht stürzt er vom Kirchendach auf den Kirchplatz und stirbt. Brecht hat außerdem das Ereignis in das Jahr 1592 zurückdatiert und einen Bischof als zweite Hauptfigur eingeführt. Er wollte damit den Konflikt in einer Zeit ansiedeln, in der die Macht der Kirche noch ungebrochen war. Der Flugversuch des schwäbischen Tüftlers verstößt gegen die von Gott gegebene Ordnung („Der Mensch ist kein Vogel“) und gegen das damals gültige ptolemäische Weltbild, nach dem der Mensch auf der Erde, die den Mittelpunkt der Welt darstelle, seinen festen Platz habe. Deshalb bei Brecht – im Gegensatz zum historischen Fakt – der provozierende Sprung von der Kirche. Nach dem Unglück läßt der Bischof die Kirchenglocken läuten als Zeichen dafür, daß nach der praktischen Widerlegung des Schneiders („Es waren nichts als Lügen“) die Macht der Kirche unangefochten weiterbestehe. Brecht interessiert an dem Ereignis die Figur des Schneiders, der Neues gewagt und – auch in seinem Scheitern – dem Fortschritt eine Bresche geschlagen hat. Geschichtlicher Fortschritt vollzieht sich für Brecht in der Erprobung neuer Ideen und in der Widerlegung alter, vermeintlich ewiger „Wahrheiten“ („Es wird nie ein Mensch fliegen“). Die historische Wahrheit, daß der Mensch doch gelernt hat zu fliegen, spart Brecht aus. Er provoziert natürlich damit die Aussage eines jeden Kindes, daß der Bischof doch nicht recht behalten habe. So soll durch die Lücke der Lernprozeß des Lesers in Gang gesetzt werden. Es ist die klassische Methode des Lehrgedichts auf der Stufe der Einsicht eines Kindes.
Sprachlich hat das Gedicht alle Merkmale des von Brecht geprägten, modernen Balladentons: nüchtern, fast lapidar wird der Vorfall mitgeteilt, das große Ereignis des ersten menschlichen Flugversuches wird dadurch entheroisiert, bekommt eine Beiläufigkeit und Selbstverständlichkeit. Bei genauerem Hinsehen erkennt man dennoch einige Merkmale poetischer Formung: Die Wortwiederholungen („große, große“ und „starke, starke“) veranschaulichen die Größe des Vorhabens und die Härte des Scheiterns. Die dogmatische Sprechweise des Bischofs wird durch einen betonten Zeilenstil in den fast wortgleichen Strophen zwei und vier hervorgehoben.

Methodische Hinweise

Der Lehrer kann die Stunde mit der Frage beginnen, ob jemand die Geschichte vom Schneider von Ulm kennt. Die Figur gilt inzwischen als Wahrzeichen der Stadt und wird in vielfacher Form den Touristen angeboten.

Nach diesem einführenden Gespräch soll der Text gelesen werden. Nachdem Verständnisfragen geklärt sind („Hatz“ = Auflauf, „zerspellet“ = zerbrochen), soll in einem kurzen Unterrichtsgespräch die Aussage des Gedichts erschlossen werden. Ein Schwerpunkt dabei sollte sein, warum der Bischof sich so vehement gegen das Vorhaben des Schneiders stellt. Die Besprechung sollte in die Frage münden, wer von beiden denn letztlich recht behalten hat. Hier werden die Schüler ihr Wissen anbringen und von der Entwicklung der Flugtechnik und von eigenen Flugreisen berichten. Der Lehrer kann erwähnen, daß es neuerdings ein ähnliches Fluggerät wie das des Schneiders als Sportgerät gibt: den Paragleiter. Hier sollte sich die Frage anschließen, weshalb Brecht, der die Flugtechnik noch gekannt hat, die Ballade so hat enden lassen, daß der Bischof das letzte Wort behält. Die Antwort wird den Schülern sicher nicht schwerfallen. Hier erteilt der Lehrer dann die Aufgabe, eine weitere 5. Strophe aus heutiger Sicht zu schreiben. Der Inhalt ist so zu wählen, daß deutlich wird, daß aus historischer Sicht der Schneider recht behalten hat. Da es sich um ein einfach gebautes Gedicht handelt, schaffen die Schüler es nach meiner Erfahrung, das Gedicht in seinem Ton weiterzuschreiben. Über gewisse Holprigkeiten sollte man großzügig hinwegsehen. Wenn es die Zeit erlaubt, sollten mehrere der Schülerversuche vorgelesen werden. Es werden vergnügliche Minuten werden, weil die Schüler natürlich versuchen, dem „gemeinen“ Bischof eins auszuwischen.

Weiterführungsmöglichkeit

Georg Weerth: „Es war ein armer Schneider“

Mit diesem Gedicht begegnet uns ein weiteres, allerdings rund hundert Jahre älteres sozialkritisches Gedicht mit lehrhaftem Charakter. Es ist 1845 in der sozialistisch ausgerichteten Zeitschrift „Gesellschaftsspiegel“ erschienen. Der Untertitel der Zeitschrift verdeutlicht die Tendenz: „Organ zur Vertretung der besitzlosen Volksklassen und zur Beleuchtung der gesellschaftlichen Zustände der Gegenwart“ (zit. nach Ernst Weber: „Lesarten sozialistischer Lyrik“, in: Gedichte und Interpretationen. Vom Biedermeier zum Bürgerlichen Realismus. Stuttgart 1983, S. 264 ff.).

Kurzinterpretation

Das Gedicht handelt von einem armen Schneider, der nach einem Leben voller Arbeit, körperlich und geistig zerrüttet („Der nähte sich krumm und dumm“), Selbstmord begeht. Bevor er Hand an sich selbst legt, hat er in einem Akt von Aggression sein Arbeitsgerät vernichtet („Zerbrach so Scheer’ und Nadel“). Bedeutsam ist der Tag, an dem er seinem Leben ein Ende setzt. Es ist der Samstagabend während des Feierabendläutens. Pflichtgemäß hat er seine wöchentliche Arbeit verrichtet, dann aber den Feierabend zur Stunde seines Todes gemacht. Ordnung und Anpassung bis zuletzt! Das Gedicht verzichtet – sieht man von dem schon zitierten zweiten Vers ab – auf eine kausale Herleitung des Selbstmordes aus seinen Arbeitsbedingungen. Jede Strophe endet fast formelhaft mit der Aussage: „Und wußte nicht warum." Zum Schluß heißt es mit einer Wendung ins Präsens: „Und Niemand weiß warum." Diese Textstellen sind der Schlüssel für die Interpretation. Der arme und ungebildete Schneider ist ohne Verständnis für seine Situation. Ihm fehlt jeglicher Einblick in gesellschaftliche und ökonomische Zusammenhänge. Er sieht nur, daß er dreißig Jahre geschuftet hat und dabei gleich arm geblieben ist. Seine Gesundheit hat er dabei ruiniert. Auffällig an der sprachlichen Struktur ist, daß in vielen der mit „und" beginnenden Sätze das grammatische Subjekt fehlt (Strophen 3 und 4), als wollte der Dichter zeigen, daß der sich und seiner Klasse entfremdete Schneider nicht Subjekt im eigentlichen Sinne sein kann. Das Nichtwissen teilt er mit seiner Klasse („Und Niemand weiß warum"). Auch sie hat noch keinen Einblick in die gesellschaftlichen Mechanismen. Wie Weber in seiner Analyse ausführt, war das Gedicht im damaligen Kontext gerade dazu gedacht, Aufklärung dadurch zu leisten, daß es ein „Identifikation stiftendes Abbild sozialer Wirklichkeit für den vierten Stand" liefert (Weber, a.a.O. S. 270).

Vorschlag zur Methode

Das Gedicht setzt ungleich höhere Anforderungen an das Verständnis als das von Brecht. Der Lehrer wird sich, wenn er sich für diese Weiterführung entscheidet, darauf einstellen müssen, nicht alle Dimensionen der Deutung voll ausschöpfen zu können. Er sollte den Schülern zuerst ein Bild davon vermitteln, wie die Schneiderarbeit aussah. Von Märchen her („Das tapfere Schneiderlein") dürfte der inzwischen fast ausgestorbene Beruf den Schülern vertraut sein. Wenig Ahnung haben sie vermutlich von den harten Bedingungen, unter denen dieser Berufsstand im 19. Jahrhundert arbeiten mußte. Nach dieser Lehrerinformation sprechen wir dann über die mutmaßlichen Ursachen für den Selbstmord, ausgehend von der Textstelle: „Der nähte sich krumm und dumm." Den Schülern rätselhaft bleiben wird zuerst die mehrfach wiederkehrende Formel: „Und wußte nicht warum." Hier sind wieder Zusatzinformationen des Lehrers gefragt. Er muß verdeutlichen, daß Schulbildung zu jener Zeit das Privileg der Reichen war, daß die Kinder von Handwerkern und Arbeitern schon im Kindesalter in den Arbeitsprozeß ihrer Väter und oft auch ihrer Mütter eingespannt wurden. Mit dem schulischen Wissen fehlte ihnen jedoch auch zugleich das Wissen, ihre eigene wirtschaftliche Lage zu begreifen, d. h. Ursachen oder gar Schuldige dafür ausmachen zu können. Der Selbstmord ist für einen in dieser Weise Verzweifelten eine durchaus plausible Konsequenz. Die Aggression wird in Ermangelung eines Feindes gegen sich selbst gerichtet. An dieser Stelle beginnt das kreative Verfah-

ren, die Schüleraktivität. Zwei Varianten sind denkbar. Das Gedicht, das im Sinne seiner Botschaft unerbittlich auf das traurige Ende hin angelegt ist, lädt dazu ein, an einer Bruchstelle der Handlung anzusetzen und nach Handlungsalternativen zu fragen. Es wäre denkbar, die zweite Strophe nach dem Beginn „Und als ..." umzuschreiben nach dem Motto: Wie könnte das Leben des Schneiders im positiven Sinne weitergehen? Wie sähe ein Lernprozeß, der im Gedicht ja vehement negiert wird, bei ihm aus? Die Schüler sollen also versuchen, einige Strophen lang das Gedicht „alternativ", d. h. in diesem Falle „positiv", weiterzuschreiben. Denkbar wäre der Versuch, sich mit Leidensgenossen zusammenzutun, eine Gewerkschaft zu gründen usw.
Die zweite Variante wäre der Versuch, eine abschließende Kommentarstrophe zu verfassen, die die Wendung „Und niemand weiß warum" negiert. Die Schüler, die jetzt die Hintergründe kennen, wenden ihr Wissen an, indem sie den künftigen Lesern des Gedichtes dieses Wissen in einer Schlußstrophe zugänglich machen. Es versteht sich von selber, daß der Lehrer bei den Versuchen keine Makellosigkeit in Sprache und Form erwarten darf. Wichtiger ist die inhaltliche Weiterführung des Gedichts in eine Richtung, die die Emanzipation des Schneiders und seiner Klassengenossen andeutet.

Der Mensch und dämonische Mächte

Johann Wolfgang von Goethe: „Der Zauberlehrling"

Interpretationsskizze

„Der Zauberlehrling" ist eine der populärsten Balladen überhaupt. Bei Schülern ist sie deshalb besonders beliebt, weil sie sich mit der Hauptfigur, dem Lehrling, besonders gut identifizieren können. Wer von ihnen hätte nicht selbst schon einmal die Erfahrung gemacht, etwas Verbotenes aus der Erwachsenenwelt getan zu haben, bei der Ausführung dann aber kläglich zu scheitern und das Vorrecht der Erwachsenen doch anerkennen zu müssen. Diese „pädagogische" Erfahrung zwischen den Generationen hatte Goethe sicher im Sinn, als er die Personen der literarischen Quelle, die er benutzte, leicht veränderte. Im „Lügenfreund" des griechischen Dichters Lucian, einer Goethe schon in seiner Kindheit vertrauten Lektüre, sind die Hauptpersonen ein Zauberer und Eukrates, der Ich-Erzähler, der in keinem näheren Verhältnis zu jenem steht. Goethe macht daraus Meister und Lehrling, wodurch ein Lehrer-Schülerverhältnis entsteht.
Der Lehrling maßt sich in einer Anwandlung von Neugier und Respektlosigkeit die Kunst des Meisters an, ohne sie voll zu beherrschen. Er erntet dafür Angst und Verzweiflung, als es ihm nicht gelingt, die Verwandlung rückgängig zu ma-

chen. Selbst die Gewalt, zu der er greift, kann das Problem nicht lösen, verschlimmert es sogar, so daß er schließlich in Verkehrung seiner anfänglichen Keckheit die himmlischen Mächte um Hilfe anruft. Die Verzweiflung gipfelt in dem Ruf nach seinem Meister, den er hier sogar „Herr" nennt, wodurch er die alte Hierarchie wieder in ihr Recht setzt. Eingangs hat er ihn leicht verächtlich als „alten Hexenmeister" bezeichnet. Der Meister kommt rechtzeitig und löst das Problem, ohne den vorwitzigen Lehrling zu bestrafen. Nur indirekt teilt er ihm die Lehre mit, daß nur der Kundige und Erfahrene das Werk der Verzauberung beginnen darf.

Bei dieser Ballade geht es – wie so oft bei Goethe – um die Auseinandersetzung des Menschen mit dämonischen Mächten. Er führt am Beispiel des Lehrlings vor, daß Reife und Erfahrung nötig sind, um diese Kräfte zu bannen, ihrer Herr zu bleiben. Die Ballade gilt vor allem in dem Verzweiflungsruf des Lehrlings „Die ich rief, die Geister, / Werd' ich nun nicht los" bis zum heutigen Tage als Gleichnis für all die Taten, die der Mensch in seiner Vermessenheit und Selbstüberhöhung begeht, ohne die Folgen immer überblicken zu können.

Bis auf die letzte Strophe wird die ganze Ballade monologisierend von der Rede des Lehrlings bestritten. Er durchläuft dabei alle Höhen und Tiefen des Gefühls, vom anfänglichen Stolz („Tu' ich Wunder auch") über Triumph („Seht, er läuft ...") bis zu beginnender Unsicherheit („Ach! nun wird mir immer bänger!") und völliger Verzweiflung („Helft mir, ach!"). Die Ballade ist wegen dieses Stimmungswandels sehr gut dafür geeignet, mit den Schülern den sinnbetonten Vortrag zu üben.

Methodische Hinweise

Bei dem hier vorgeschlagenen Verfahren soll der bewußte Vortrag am Ende der Besprechung stehen. Bevor die Schüler den Text bekommen, sollen sie durch ein Gespräch über das Zaubern eingestimmt werden. Von vielen Märchen her ist ihnen die Figur des Zauberers geläufig. Viele Schüler werden entweder im Fernsehen oder live auf der Bühne auch schon Zauberkünstler gesehen haben. Der Lehrer leitet dann zu der Information über, daß der folgende Text vom Verzaubern eines Gegenstandes mit schlimmen Folgen handelt und daß im Mittelpunkt ein Lehrling, also ein Jugendlicher, steht. Die Schüler erhalten ein kleines Tütchen, das den Text der Ballade, in die einzelnen Strophen auseinandergeschnitten, enthält. Sie bekommen die Aufgabe, die richtige Reihenfolge der Strophen wieder herzustellen. Sie könnten sich dabei außer an der mitgeteilten Handlung vor allem an den Stimmungen orientieren, in denen sich der „Held" der Ballade, der Lehrling, befindet. Von den Schülern wird bei dieser Aufgabe verlangt, daß sie die Elemente der Handlung in den Textteilen erfassen und richtig ordnen. Der Inhalt der Ballade wird sich ihnen so spielerisch einprägen. Gleichzeitig werden sie in eine tiefere Schicht des Verständnisses eindringen, indem sie die Sta-

tionen rekonstruieren, die der Lehrling stimmungsmäßig durchläuft. Günstig wäre es, wenn die Schüler diese Stellen im Text mit einem Stift markierten.
Wenn in der Auswertungsphase die richtige Reihenfolge gefunden und begründet worden ist, sollte die Deutung um die Frage kreisen, weshalb der Lehrling trotz seines anfänglich zur Schau gestellten Optimismus dann doch gescheitert ist. Dazu sollten gemeinsam die beiden Kernstellen „Die ich rief, die Geister ..." und „Ruft euch nur ... der alte Meister" besprochen werden. Bei der Frage nach dem aktuellen Bezug der Ballade wird es den Schülern nicht schwerfallen, heutige Beispiele menschlicher Hybris zu finden.
Im Anschluß daran sollte die gemeinsame Lese- und Vortragsübung stattfinden. Dazu sollten die Schüler in einer Art von Regieanweisung neben die im Text markierten Stellen schreiben, wie die Passage vorgetragen werden müßte. Z. B. könnte die Leseempfehlung neben dem Vers „Seht, er läuft ..." heißen: stolz, mit Triumph in der Stimme! Neben dem Vers „Ein verruchter Besen ..." könnte stehen: zornig, ungeduldig usw. Der in diesem Sinne vorbereitete Vortrag durch einen Schüler beschließt dann die Besprechung der Ballade.

Weiterführungsmöglichkeit

Heinrich Heine: „Belsazar"

Mit der Heine-Ballade Belsazar können wir den Schülern eine Ballade präsentieren, die das Motiv der Bedrohung des Menschen durch magische Kräfte fortführt. Allerdings auf einer anderen Ebene. Hintergrund ist eine historische Überlieferung, die zudem noch eine biblische Deutung erfahren hat. Dennoch kann man bei der Besprechung an der Erfahrung anknüpfen, die die Schüler beim Zauberlehrling mit dem Wirken numinoser Mächte gemacht haben. Außerdem kann man bei dieser Ballade die oben erprobte Methode der Textrekonstruktion wiederholen, so daß bei den Schülern ein Übungseffekt entsteht.

Kurzinterpretation

Die Ballade gehört zu den frühen Gedichten Heines. Es wurde angeregt durch den alttestamentarischen Bericht über Belsazar, den letzten babylonischen König (Buch Daniel, Kapitel 5). Einer von dessen Vorgängern, Nebukadnezar, – in der Bibel fälschlich als Belsazars Vater bezeichnet – hatte Jerusalem erobert, den heiligen Tempel geplündert und die Juden in die sogenannte babylonische Gefangenschaft entführt. Im wesentlichen folgt Heines Text dem Gang der Handlung in der biblischen Überlieferung, mit einigen wichtigen Ausnahmen: In der Bibel ergehen sich der Herrscher und seine berauschten Knechte im Götzendienst, indem sie die geraubten Gerätschaften aus dem jüdischen Tempel anbe-

ten. Bei Heine verhöhnt Belsazar den jüdischen Gott in einer hybriden Selbstüberhebung („Jehova! dir künd ich auf ewig Hohn“). Die mysteriöse Flammenschrift bleibt ungedeutet, während in der Bibel schließlich Daniel, einer der gefangenen Juden, die Schrift entziffert: „Mene mene tekel u – pharsin“ – dieses Wort verkündet den nahen Untergang desjenigen, der von Gott „als zu leicht empfunden wird.“ Im biblischen Text wird Belsazar darauf noch in derselben Nacht durch die Meder, die das Reich überfielen, getötet. Bei Heine heißt es hingegen in der Schlußstrophe, er sei von seinen Knechten umgebracht worden. Die hier skizzierten Unterschiede sind dem historischen Kontext geschuldet, in dem Heine seine Ballade schuf. In der Zeit der Restauration nach dem Wiener Kongreß kam es ihm vor allem darauf an, die biblische Geschichte so zuzuspitzen, daß im Mittelpunkt die anmaßende Selbstüberhöhung eines Tyrannen steht, der sogar Gott seine Macht streitig macht und deshalb zurecht von Männern aus dem Volk, seinen Knechten, umgebracht wird. Letztlich ging es ihm weniger um die Vollstreckung eines göttlichen Ratspruches als um die Legitimation eines Tyrannenmordes durch die Untertanen.
Die Ballade ist von großer Eindringlichkeit, weil sie es schafft, mit wenigen Strichen das Bild des gotteslästerlichen Tyrannen und seiner Gefolgschaft zu zeichnen und das Geschehen mit großer Spannung mitzuteilen. Elemente der Spannungssteigerung sind „und“-Reihungen, rhythmische Wechsel (Jambus – Daktylus – Anapäst) und der effektvolle Übergang vom Präteritum zum Präsens kurz vor dem Höhepunkt, der Gotteslästerung. Lautmalerische Effekte unterstreichen an markanten Stellen die inhaltliche Aussage (helle i-Laute in der Strophe, die von der Flammenschrift berichtet, dunkle a- und au-Laute in der Strophe, die das Grauen der Knechte zeigt).

Vorschlag zur Methode

Bei dieser Ballade kann der Lehrer gut die Methode der Textrekonstruktion wiederholen, die er beim Zauberlehrling angewendet hat. Allerdings soll hier eine kleine Variante angewendet werden. Die Schüler erhalten neben dem Tütchen mit den einzelnen Strophen der Ballade ein Textblatt, auf dem die erste und die vorletzte Strophe abgedruckt sind. Diese vorletzte Strophe soll vorläufig für die Schüler den Schluß der Ballade darstellen. Bei dieser Ballade sind einführende erläuternde Worte des Lehrers unverzichtbar. Er sollte die Geschichte von der babylonischen Gefangenschaft der Juden und der Rolle der beiden babylonischen Könige kurz erzählen, ohne allerdings das Ende Belsazars vorwegzunehmen. Dann machen sich die Schüler ans Werk, die Strophen so zu ordnen, daß eine sinnvolle Handlung und eine stimmige Spannungskurve entsteht. Wenn sich die Schüler an bestimmten Schlüsselwörtern orientieren, wird ihnen die Rekonstruktion nicht schwerfallen. Wenn z. B. in der 3. Strophe der Begriff „Königsmahl“ fällt, ist es logisch, daß die folgenden Strophen diese Situation „fortsetzen“ (Strophe 4: „Becher mit ... Wein“, Strophe 5: „jauchzten die Knecht’“, Strophe 6: „im Wein erwuchs ihm kecker Mut“ usw.). Außerdem können sich die

Schüler an den Zeigewörtern orientieren, mit denen die Strophen meistens beginnen: „Und er ..." / „Doch kaum ...". Sie führen meistens ein in der vorigen Strophe geschildertes Geschehen weiter.
Wenn die Schüler mit der Aufgabe fertig sind, beginnt die Auswertung. Verschiedene Fassungen werden verlesen und verglichen, bis eine von allen anerkannte „richtige" Fassung entsteht, die der Lehrer dann als das Original von Heine bestätigt. Im Unterrichtsgespräch sollte dann die Aussage der Ballade erschlossen werden. Eine Bildtafel mit Rembrandts „Belsazar und die schreibende Hand" könnte dabei das Geschehen gut veranschaulichen. Die Diskussion sollte in die Frage münden, ob die Schüler denn mit dem Ende der Ballade einverstanden sind, ob es denn überhaupt ein Ende im Sinne von sinnvollem Abschluß darstellt. Sicher werden hier einige Antworten kommen, die das „offene Ende" richtig finden, damit sich der Leser selber denken kann, wie solche überheblichen Potentaten bestraft werden sollten. Vielleicht wird ein bibelkundiger Schüler auch darauf hinweisen, daß in der Bibel Belsazar von Gott bestraft wird. Dieser Hinweis sollte vom Lehrer sofort benutzt werden, die Bibelstelle vorzulesen (s. Arbeitsblatt). Schüler der Mittelstufe sind in der Regel damit überfordert, von sich aus herauszubekommen, daß Heine absichtlich einen anderen Schluß gewählt hat. Der Lehrer wird also diesen Hinweis geben und die Schüler raten lassen, in welche Richtung dieser Schluß wohl gehen wird. Ein Hinweis auf die drittletzte Strophe kann die Schüler auf die richtige Spur führen. Die Knechte sind von der Flammenschrift besonders schockiert. Sie – als Menschen aus dem einfachen Volk – glauben noch am ehesten an eine magische Kraft, die sich hinter der Schrift verbirgt und die für sie bedrohlich werden kann. Sie hätten also durchaus ein Motiv, sich des Königs zu entledigen, um der Rache des jüdischen Gottes zu entgehen. Jetzt erst teilt der Lehrer die letzte Strophe aus und erläutert anhand der Zeit, in der Heine gelebt und gewirkt hat, seine Intention, einen gewalttätigen Herrscher darzustellen und dessen gewaltsame Beseitigung zu legitimieren. Eine Betrachtung von Form und Sprache der Ballade bildet dann den Abschluß der Besprechung.

Historische Balladen

Friedrich Schiller: „Der Handschuh"

Interpretationsskizze

Die Ballade geht zurück auf eine Erzählung von Brantome aus den „Essays historiques de Paris". Sie gestaltet – ähnlich wie die zuvor entstandene Ballade „Der Taucher" – das Motiv der Mutprobe, die eine Dame von dem Mann, der sie liebt, verlangt, wodurch sie ihn dann jedoch verliert. Die Mutprobe hier entspringt nicht wahrer Liebe, sondern einer Koketterie, die sogar mit dem Leben des Begehrten spielt. Aus moderner Sicht könnte man sagen, daß sich im Verhalten des Hoffräuleins zeigt, wie sich in der Erotik positive Gefühle mit destruktiven, sadistischen Regungen mischen. Sicher entspringt diese Art von Herausforderung auch dem Milieu des feudalen Hofes, der sich an Kampfspielen, die in der Regel mit dem Zerfleischen der Raubkatzen enden, ergötzt. Das Spiel mit der Gefahr scheint deshalb nichts Außergewöhnliches gewesen zu sein. Für die Knappen, die in Ausbildung befindlichen Ritter, waren Bewährungsproben, die mit Gefahr verbunden sind, Teil des Reifungsprozesses. Ritter Delorges erfüllt, als er sich in Todesgefahr begibt, um den Handschuh zu holen, durchaus die Erwartungshaltung der höfischen Zuschauer. Er tut seine Ritterpflicht und rettet seine Ehre. Seine anschließende Reaktion, als er die Liebe der Dame verschmäht, widerspricht allerdings höfischem Brauch diametral. Die Liebe war in den Kreisen des Hofadels oft Lohn der Angst, zumindest von Anstrengung und kämpferischer Bemühung. Der Ritter hat einen anderen, menschlicheren Begriff von der Liebe. Diesen kann er in einer Probe, die den Tod des Geliebten einkalkuliert oder zumindest leichtfertig in Kauf nimmt, nicht mehr erkennen. Deshalb ist der Siegeslohn für ihn wertlos. Er hat die Mutprobe letztlich zweifach bestanden: zuerst im vordergründigen, höfischen und dann in einem höheren, menschlichen Sinne. In der zweiten Fassung der Ballade hat Schiller die Reaktion des Ritters der Dame gegenüber noch deutlich verschärft. Aus einer tiefen Verbeugung wird eine beleidigende Geste. Sie zeigt, wie tief verletzt der Ritter sein muß, als er die Hohlheit der Liebe des Mädchens erkennt.

Schiller bettet die Handlung des Menschen ein in die Welt der Tiere. Er zeigt dadurch, daß die Grausamkeit des Menschen der der Bestien in nichts nachsteht, daß sie letztlich sogar verwerflicher ist, weil der Mensch – anders als die instinkthaft reagierenden Raubtiere – kraft seiner Moralität zum Guten befähigt wäre.

Die Ballade besticht durch ihre ausgefeilte Klanggestalt. Vor allem die Auftritte der Raubtiere werden dem Leser oder Hörer der Ballade atmosphärisch nahegebracht. Das majestätische Erscheinen des Löwen z. B. veranschaulicht Schiller durch Zeilenverkürzungen („Ein Löwe tritt“ / „... Rings um“) und dadurch entstehende Zäsuren. Die Häufung von a-Umlauten („Mähnen / „Gähnen“) und gedehnten i-Lauten („Glieder“ / „nieder“) läßt einen die Stärke und Bedächtigkeit der Raubkatze sinnlich spüren. Der Konsonant f bei „Schweif“ und „Reif“ malt die Bewegung lautmalerisch aus. Ähnliche rhythmische und lautliche Gestaltungen finden sich bei der Beschreibung der beiden anderen Raubtierarten.

Das überraschende Ereignis, der hinuntergeworfene Handschuh, setzt mit einem unvermittelten „Da fällt ...“ ein. Die Verkürzung des Verses 47 („Mitten hinein“) wirkt so, als könnte man in dieser kurzen Atempause die Spannung, die in der Runde liegt, förmlich spüren. Auch der Spannungshöhepunkt – der Ritter ist in den Zwinger hinabgestiegen – wird vom Dichter durch eine Verkürzung der Zeile hervorgehoben („Mit festem Schritte“). All diese sprachlichen Elemente verlangen eine gekonnte Nachgestaltung beim Vortrag.

Methodische Hinweise

Die höfische Welt des ausgehenden Mittelalters ist den Schülern trotz des Geschichtsunterrichts in der Regel recht fremd. Deshalb wäre es gut, vor der Besprechung der Ballade das Ritterleben durch einen kurzen Vortrag mit Bildmaterial (z. B. Ritter zu Pferde beim Turnierspiel, Fräulein als Zuschauer usw.) zu veranschaulichen. Dann werden sich die Schüler, wenn die Ballade vom Lehrer vorgetragen wird, schneller hineinfinden. Da im Zentrum der Besprechung natürlich die Reaktion des Ritters stehen muß, nimmt die methodische Überlegung hier ihren Ausgangspunkt. Die Schüler erhalten eine Textfassung, die die Reaktion des Ritters ausspart („Und er ...“). Der Lehrer beendet an dieser Stelle seinen Vortrag und fordert die Schüler auf, das mutmaßliche Verhalten des Ritters aufzuschreiben. Eine Prosafassung ist natürlich erlaubt. Nach ca. 10 Minuten kann die Auswertung beginnen. Die meisten Schüler werden „versöhnliche“ Reaktionen wählen. Entweder ein klassisches Happy End (‚Er geht auf sie zu, und sie fallen sich in die Arme ...‘) oder eine Versöhnung mit kritischem Unterton (‚Der Ritter sagt zu dem Mädchen, daß er diese Mutprobe gar nicht gut fand, ob sie denn wisse, in welcher Gefahr er sich befunden habe, er liebe sie jedoch ...‘.) Nur wenige werden zu der von Schiller verwirklichten unversöhnlichen Haltung finden. Diese Methode der Aussparung konfrontiert die zumeist trivialen Reaktionsmuster der Schüler, die den Massenprodukten der Unterhaltung verpflichtet sind, mit einer ihnen fremden Reaktionsform, deren Sinn im gemeinsamen Gespräch herausgefunden werden soll.
Von der Klärung dieser Kernstelle der Ballade aus fällt es leicht, das Verhalten des Hoffräuleins und ihre Vorstellung von Liebe zu bewerten. Dabei sollte der Bezug zum historischen Kontext, in den die Personen eingebunden sind, immer präsent sein.
Die Klanggestalt der Ballade kann am besten durch die gemeinsame Vorbereitung eines Vortrages erschlossen werden. Hilfreich hierfür ist ein Bogen, in den die Schüler Vorschläge zur Sprechweise, zu Tempo und Betonung der einzelnen Strophen eintragen (s. A 1.7.). Der zu Hause eingeübte Vortrag schließt dann in der nächsten Stunde die Besprechung der Ballade ab.
Die Beschäftigung der Schüler mit der Ballade kann durch schriftliche Aufgaben vertieft werden, in denen die Schüler eine Rolle innerhalb der Figurenkonstellation übernehmen sollen. Denkbar sind folgende Aufgaben:

1) Schreibe einen Brief, in dem Delorges Fräulein Kunigunde seine Reaktion erklärt und begründet, warum er sie verläßt!
2) Fräulein Kunigunde klagt einer guten Freundin ihr Leid über den – wie sie meint – „ungetreuen“ Ritter Delorges. Die Freundin sieht das anders. Schreibe den Dialog zwischen beiden auf!
3) Erzähle die Geschichte aus der Sicht eines der Tierwärter, der den Vorfall erlebt hat und alles am Abend in einer Schenke berichtet!

Weiterführungsmöglichkeit

Conrad Ferdinand Meyer: „Die Füße im Feuer“

Bei der Weiterführung kann man sich sowohl thematisch (historische Ballade; Mensch in der Bewährung) als auch methodisch (Aussparung des Endes) leiten lassen. Mit der Ballade „Die Füße im Feuer“ kann man beide Ansatzpunkte realisieren.

Kurzinterpretation

Historischer Hintergrund der Ballade ist die Hugenottenverfolgung durch die katholische Staatsmacht Ludwigs des XIV. in Frankreich, die ihren grausamen Höhepunkt in der Bartholomäusnacht (23./24. 8. 1572) findet. Die Ballade gestaltet einen konkreten Vorfall innerhalb der brutalen Verfolgungsaktion. Einer der Häscher kommt unbeabsichtigt nach drei Jahren an die Stätte zurück, an der er eine Hugenottin zu Tode gefoltert hat, um von ihr den Aufenthaltsort ihres Mannes zu erfahren. Die Kinder erkennen ihn wieder und berichten ihre Entdeckung dem Vater. Dieser verschont den Mörder nach einem schweren inneren Kampf schließlich, obwohl er nachts Gelegenheit zur Rache gehabt hätte. Seine vom Glauben diktierte Selbstüberwindung („Mein ist die Rache, redet Gott“) steht im Zentrum der Aussage. Es ist die Absage an den alttestamentarischen Rachegedanken und die Bekräftigung der Einsicht, daß letztlich Gott für eine höhere als die irdische Gerechtigkeit sorgen wird.
Die Sprache der Ballade orientiert sich durchgehend am geschilderten dramatischen Geschehen. Mehrfache Wiederholungen, kurze Sätze und Satzfetzen (Ellipsen), Ausrufe und Fragen, kurze dynamische Verbformen bewirken einen dramatischen Gestus, dem sich der Leser nur schwer entziehen kann. Hinzu kommen symbolische und bildhafte Bezüge. Die Natur wird dem inneren Geschehen gleichgeordnet: Am Anfang nächtlicher Sturm (Erinnerung an die Schreckensnacht bei der Folterung), am Ende beschauliche Ruhe („Friedsel’ge Wolken ...“; Zeichen der inneren Überwindung und der Glaubensgewißheit).

Vorschlag zur Methode

Die Ballade ist für Schüler nicht leicht zu verstehen. Dies liegt zum einen am historischen Hintergrund, der ihnen anfangs nicht geläufig ist, zum andern an der komplizierten inneren Struktur. Der Wechsel zwischen gegenwärtigem Erleben (unmittelbare Handlung) und Rückblenden (innerer Monolog der Figuren) erfolgt mehrfach ohne Übergang und stellt hohe Anforderungen an das Auffassungsvermögen. Um die Schwierigkeiten zu meistern, sollte der Lehrer auch hier mit einer historischen Information beginnen. Danach sollten an der Tafel unbe-

kannte Begriffe oder altertümliche Wörter, die in der Ballade vorkommen, aufgelistet und erklärt werden (z. B. fahl, Harnisch, Ahnenbild, Schaffnerin, Linnen usw.). Auch bei dieser Ballade erhalten die Schüler den Text unvollständig (bis zur Stelle: „Vor seinem Lager steht des Schlosses Herr ...“, s. A 1.8). Nach dem Vortrag durch den Lehrer, der zur Klärung nicht eindeutiger Stellen u. U. mehrfach unterbrochen werden muß, sollen die Schüler die Geschichte zu Ende schreiben, indem sie sich die mutmaßliche Reaktion des Schloßherrn ausmalen. Auch hier werden die eigenen trivial-geprägten Vorstellungen zum Zuge kommen und überwiegend gewalttätige Handlungen geschildert werden. Dies liegt zum einen sicher daran, daß christliche Prägungen bei vielen Schülern selbst keine Rolle mehr spielen. Zum anderen legt die Ballade selber an dieser Stelle, um die Spannung zu erhöhen, eine aggressive Reaktion des Ehemannes nahe. Er ist durch die Geheimtür in das Gästezimmer eingedrungen. Von dem Kurier wird zuvor berichtet, daß er mit der Rache des Hugenotten rechnet. Er schläft schlecht und hat seine Waffen bereitgelegt. Um so überraschender ist dann der banale Anlaß für das Betreten des Zimmers. Der Schloßherr will ihn nur rechtzeitig wecken. Daß ihm die Selbstüberwindung nicht leicht geworden ist, sieht man daran, daß er über Nacht ergraut ist. Nach dem Verlesen der Schülerfassungen sollte – wenn die Schüler den richtigen Schluß kennengelernt haben – die von der Ballade angebotene Lösung diskutiert und bewertet werden.
Die Analyse von Form und Sprache rundet die Besprechung ab. Dabei können gut Begriffe wie Rückblende, innerer Monolog usw. eingeführt werden. Auch die Parallelisierung von innerer Handlung und Geschehen in der Natur sollte zur Sprache kommen.

Als Schreibaufgabe wäre folgende Aufgabe denkbar:

- Eines der Kinder erzählt am nächsten Tag einem Freund oder einer Freundin von dem schrecklichen Erlebnis mit dem fremden Gast. Schreibe diesen Bericht auf! Beachte dabei, in welcher Stimmung sich das Kind bei der Schilderung des Geschehens befindet!

Naturmagische Balladen

Johann Wolfgang von Goethe: „Erlkönig“

Mit Goethes „Erlkönig“ wenden wir uns der naturmagischen Ballade zu, für die diese Ballade geradezu den Präzedenzfall darstellt. Der „Erlkönig“ ist der Klassiker unter den Balladen, in jedem Lesebuch zu finden, von allen didaktischen Moden akzeptiert und favorisiert. Den einen ist die Ballade Exempel für Wirklichkeit und Macht des Phantastischen, das plattes aufklärerisches Denken nicht wahrhaben will. Den anderen gilt – im Umkehrschluß – die Reaktion des Kindes auf die Natur als anachronistischer mythischer Schicksalsglaube. Für die DDR-Didaktik vertrat der Vater gar den gesellschaftlichen Fortschritt, während das

Kind das vorwissenschaftliche Weltbild, das zur existentiellen Vernichtung führt, repräsentierte. Die Diskussion kreist in der Rezeption dieser Ballade also immer um die Frage: Wem gibt der Ausgang der Ballade recht, dem Vater oder dem Sohn? Vielleicht gibt es jenseits dieser apodiktischen Fragestellung noch einen Zugang zur Aussage der Ballade.

Interpretationsskizze

Die Ballade geht zurück auf das Gedicht von Herder „Erlkönigs Tochter", das eine Übersetzung der dänischen Volksballade „Elveskud" darstellt. Herder übersetzt dabei fälschlich das dänische Wort „Ellerkonge" (Elfenkönig) mit Erlkönig (von Eller = Erle). Goethe hat diesen Fehler in seinen Text übernommen. Im „Volkslied" Herders gerät König Oluf bei einem nächtlichen Ritt in einen Elfenreigen. Die Tochter des Elfenkönigs lädt ihn ein mitzutanzen, was er ablehnt, weil er am nächsten Tag heiraten will und noch die Gäste einladen muß. Verlokkungen mit Gold und Drohungen mit Krankheit können ihn nicht umstimmen, so daß die Elfentochter ihn tödlich verwundet. Beim Hochzeitsmahl wird er tot aufgefunden.

Goethe hat das Szenario übernommen (nächtlicher Ritt, Elfen als Naturgeister), jedoch einige wesentliche Änderungen vorgenommen. Bei ihm reiten Vater und Sohn durch den Wald. Adressat der Verlockung und der Bedrohung ist das Kind, also ein Wesen, das für die Welt des Phantastischen noch empfänglicher ist als der rational denkende Erwachsene. Dann läßt er den Elfenkönig selbst auftreten, was die werbenden Annäherungen bedrohlicher macht, als wenn sie von Elfen kämen. Das bei Herder vorwiegend Erotische wird also bei Goethe gewendet ins Bedrohliche. Der Vater versucht das Kind mit rationalen Erklärungen, mit Hinweisen auf natürliche Ursachen für die Vision des Kindes zu beruhigen, bis ihn nach der Attacke des Erlkönigs („Erlkönig hat mir ein Leids getan") selbst das Grauen packt. Während er noch zuvor auf alle Angstrufe des Kindes geantwortet hat, reitet er jetzt schweigend weiter, in der Hoffnung, der Sphäre des Grauens durch einen schnellen Ritt zu entkommen. Die Macht des Unheimlichen und Dämonischen, die sich des Kindes bemächtigt hat, trägt jedoch den Sieg davon. Bei der Ankunft auf dem Hof ist das Kind tot.

Die Ballade zeigt eine klare äußere Gliederung. Zwei epische Rahmenstrophen umschließen den dialogisch gebauten Mittelteil mit seinen sechs Strophen. Dieser Teil ist so strukturiert, daß sich Strophen, in denen der Erlkönig seine Werbungen kundtut, mit solchen, in denen der Vater auf die angsterfüllten Fragen des Kindes antwortet, abwechseln. Den Spannungshöhepunkt erreicht dieser Teil mit Strophe sieben, die die Gewaltanwendung durch den Erlkönig schildert und bei der der Hilferuf des Kindes ohne väterliche Antwort bleibt.

Die Melodie des Satzbaus und des Metrums bildet die innere Dramatik des Geschehens nach. Die erste epische Rahmenstrophe berichtet das Geschehen im ru-

higen Sprechfluß und mit gleichmäßig gebauten Sätzen. Die Schlußstrophe hingegen drückt die Unruhe des Vaters durch einen unregelmäßigen Satzbau aus (Zäsur in Vers eins, Auslassen des Subjekts in Vers drei und Inversion mit pointierter Schlußstellung des Wortes „tot").
Das vorwiegend jambisch geprägte Metrum verändert sich zum wiegenden Daktylus, wo die lockenden und verheißungsvollen Versprechungen des Erlkönigs das Kind umschmeicheln („Und wiegen und tanzen und singen dich ein").
Auch auf der Ebene der Lautung gibt es eine Koinzidenz zwischen Sprache und Aussage. Die Ambivalenz zwischen Schönem und Bedrohlichem in den Lockrufen des Erlkönigs wird durch den Wechsel von hellen i- und ie-Lauten in den beiden ersten Versen von Strophe 3 („... Spiele spiel ich mit dir") zu dunklen u- und a-Lauten in den beiden nächsten Versen („... bunte Blumen sind an dem Strand") veranschaulicht.

Methodische Hinweise

Das Schwierige bei der Besprechung der Ballade ist, den Schülern der Klassenstufen 7 und 8 den Goetheschen Naturbegriff, der sich in dieser Ballade manifestiert, nahezubringen. Goethe sah in der Natur sowohl anziehende, positive als auch zerstörerische Kräfte. Letztere sind unerklärlicher, dämonischer Natur und bedrohen die menschliche Existenz. Zur Natur zählte Goethe auch den Menschen selbst. In seinem Inneren kann also ebenso die dämonisch-zerstörerische Dimension beheimatet sein. Die Ballade auf einen vordergründigen Gruselglauben zu reduzieren, die Vision des Kindes also als reines Phantasiegebilde, als Spinnerei abzutun, würde dieser philosophischen Sicht der Ballade nicht gerecht. Andererseits greifen alle rationalen Erklärungsversuche für das Sterben des Kindes (Fieberkrankheit) zu kurz, finden außerdem im Text keinerlei Beleg. Die anfängliche Frage des Vaters „Mein Sohn, was birgst du so bang dein Gesicht?" läßt eher darauf schließen, daß das Kind gesund ist.
Der methodische Weg der Erschließung des Gehalts dieser Ballade muß so beschritten werden, daß die Schüler zuerst ihre eigenen Vorstellungen von den Ursachen des Todes des Kindes aufschreiben, um diese vermutlich rationalen und vordergründigen Hinweise mit dem Balladen-Text zu konfrontieren. Der Lehrer gibt den Schülern eine selbst verfaßte Zeitungsnotiz, in der der mysteriöse Tod des Kindes gemeldet wird, ohne Auskunft über die Todesursachen zu geben (s. A 1.9). Die Schüler sollen daraus eine kurze Erzählung schreiben, die die geheimnisvolle Atmosphäre des nächtlichen Rittes einfängt und gleichzeitig enthüllt, woran das Kind gestorben ist. Der Lehrer sollte den Hinweis nicht vergessen, daß die Handlung im 18. Jahrhundert spielen soll. Um eine Annäherung an die dialogische Form der Ballade zu erreichen, enthält die Aufgabenstellung schon einen entsprechenden Hinweis. Da die Arbeit nicht in kurzer Zeit zu erledigen ist, wird sie als Hausaufgabe aufgegeben.

Erfahrungsgemäß kommen in den Erzählungen der Schüler unterschiedliche Ursachen für den Tod vor: eine vermutete Krankheit, die sich infolge des nächtlichen Szenarios verschlimmert hat; der Tod vor Schrecken mit Hinweisen auf die übliche Kinderangst des Nachts; neuerdings schlägt sich die Fernseh- und Videokultur in den Antworten nieder: Zombies, Gruselmonster etc. haben sich des Kindes bemächtigt. Der Lehrer sollte die Ergebnisse so verlesen lassen, daß möglichst viele unterschiedliche Fassungen zu Wort kommen.
Danach erhalten die Schüler den Balladentext. Der Vortrag kann durch den Lehrer oder eine Sprechplatte erfolgen. Danach dreht sich die Diskussion sofort – da die Situation der Ballade klar ist – um die Frage, welche Lösung Goethe für den Tod des Kindes anbietet. Elfen sind den Schülern aus Märchen geläufig. Kundige Schüler werden aufgefordert, Märchensituationen kurz wiederzugeben, in denen Naturgeister vorkommen (Hexen, Elfen, Nixen, Riesen, Zwerge etc.). Die Diskussion darüber zeigt, daß diese geisterhaften Wesen in Märchen sowohl segenbringend als auch in verderblicher Funktion auftreten können. Im gemeinsamen Gespräch wird dann die Haltung Goethes zur „Nachtseite“ der Natur, zu ihrer dämonischen und zerstörerischen Kraft, erschlossen.
Auch bei dieser Ballade sollte der sinnbetonte Vortrag mit den Schülern eingeübt werden. Mit dem Verfahren sind sie inzwischen vertraut. Sie schreiben Regieanweisungen für die richtige Betonung an den Rand des Textes. Bei der Auswertung der Anmerkungen sollte der Lehrer nicht nur die Spannungssteigerung herausarbeiten, sondern die Funktion der Rahmenstrophen – auch für den Vortrag – erläutern.
Wenn sprachliche und formale Lernziele noch verwirklicht werden sollen, wird die Besprechung der Form und der verwendeten Stilmittel die Behandlung der Ballade abrunden. Zum Abschluß sollte die Klasse die Vertonung der Ballade von Schubert anhören.

Weiterführungsmöglicheit

Annette von Droste-Hülshoff: „Der Knabe im Moor“

Auch diese Ballade zählt zum naturmagischen Typus, wenn auch die Naturauffassung hier eine andere ist als bei Goethe. Der Lehrer kann, wenn er diese Ballade nach dem „Erlkönig“ behandelt, innerhalb des Themas bleiben und Gleiches bzw. Unterschiede zur vorhergehenden Ballade herausarbeiten. Der methodische Zugang soll allerdings ein anderer sein.

Kurzinterpretation

Die Ballade ist stark geprägt von Motiven aus der westfälischen Heimat der Dichterin. Sie verarbeitet vor allem den dort beheimateten Aberglauben, der in den unheimlichen Naturerscheinungen der Moorlandschaft die zum Gespenst gewordenen Seelen Verstorbener vermutet. Es seien die Seelen derer, die wegen ihrer Freveltaten zu Lebzeiten jetzt im Jenseits keine Ruhe finden könnten. Vier dieser Geister kommen in der Ballade vor: ein ehemaliger Torfdieb („gespenstige Gräberknecht"), eine „unselige" Spinnerin, ein Musikant und Dieb („diebische Fiedler Knauf") und eine unmoralische Frau („verdammte Margret"). Ähnlich wie im „Erlkönig" wird der dramatische Mittelteil umrahmt von einer Einleitungsstrophe, die die Ausgangssituation schildert, und einer Schlußstrophe, die die Rettung für den Jungen darstellt. Geschildert wird der Weg eines Knaben durch das Moor, den er in seiner ganzen Schaurigkeit und Bedrohlichkeit erlebt und erleidet. Dabei nehmen für ihn reale Erscheinungen der Natur, wie z. B. Bäume („Föhre") oder Schilf („Riesenhalme wie Speere") magische Kräfte an. Er fühlt sich von den Gespenstern angestarrt („... starret Gestumpf hervor") oder gar verfolgt („... als woll es ihn holen"). Das Schulbuch („Fibel"), das ihm sonst Wissen und Orientierung gibt, kann in dieser geheimnisvollen und gespenstischen Welt keinen Halt verleihen, auch wenn er sich noch so fest daran klammert. Die Angst des Jungen steigert sich den ganzen Mittelteil hindurch, bis er „wie ein wundes Reh" rennt, um dem Grauen zu entkommen. Die Natur hat jedoch – anders als im Erlkönig" – keine endgültige Macht über den Menschen. Der Knabe findet Rettung und erreicht festen Boden und die Geborgenheit des elterlichen Hauses („Die Lampe flimmert so heimatlich"). Die Rettung wird christlich gedeutet: Der Schutzengel hat das Dämonische gebannt und das Kind vor Schaden bewahrt. Die heidnisch anmutenden Geistergeschichten des Aberglaubens werden von der Dichterin mit dem christlich-religiösen Bild des Engels kontrastiert, ohne daß sie für den naiven Menschen – das Kind – ihre Macht verlören.

Worin liegt nun der Unterschied zwischen den Naturauffassungen Goethes und der Droste? Bei Goethe steht die Natur symbolhaft für das Magisch-Dämonische schlechthin, ob bedrohlich oder betörend, – auch in uns selbst. Deshalb verzichtet er auf konkrete Ausmalungen der Naturlandschaft. Bei der Droste hingegen entwächst das Bedrohliche der Natur aus den Erscheinungen der Landschaft selbst. Es nährt sich aus abergläubischem Denken und – ähnlich wie beim „Erlkönig" – aus der Angst eines Kindes, das noch nicht zur rationalen Weltsicht des Erwachsenen gefunden hat.

Die Ballade gilt als Musterbeispiel dafür, wie es einem Dichter gelingt, die Aussage eines Textes sprachlich-formal nachzugestalten. Das dramatische Geschehen wird nicht nur durch die Wortwahl lebendig (dynamische Verben, farbige Adjektive), sondern bis in die Lautgestaltung hinein untermalt (Lautmalerei). Mal dominieren drohende dunkle a- und o-Laute („Voran, als woll es ihn holen"), mal überwiegen aggressive i- und ie-Laute („Und wie es rieselt und knittert darin"). Das Pfeifen („wie es pfeift") und Rascheln („raschelt", „knistert",

„knittert") in der Moorlandschaft ist sinnlich spürbar und überträgt das schaurige Gefühl auf den Leser.

Vorschlag zur Methode

Da die Atmosphäre dieser Ballade in erster Linie von der sprachlichen Gestaltung „lebt", die die Dichterin gefunden hat, soll die Besprechung auch hierin ihren Ausgangspunkt nehmen. Die Schüler erhalten eine Textfassung, bei der die Adjektive und Verben ausgespart sind (s. A 1.10). Der Lehrer führt die Ballade kurz ein, indem er auf die Weiterführung des Themas „Mensch und bedrohliche Natur" verweist. Der Lückentext wird verlesen und der zugrundeliegende Inhalt geklärt, was trotz der zahlreichen fehlenden Wörter leicht möglich ist. Dabei muß eine Reihe unbekannter Begriffe erklärt werden („Föhre", „Heiderauch", „Hochzeitsheller", „Hage" u. a.). Außerdem sollte die Herkunft der geschilderten Gruselgestalten aus der Welt des ländlichen Aberglaubens kurz erläutert werden. Wenn der Lehrer in dieser Einleitungsphase feststellt, daß die Schüler nicht wissen, wie eine Moorlandschaft aussieht, sollte er in einem kurzen Vortrag diese Wissenslücke füllen. Auch ein Hinweis auf das Handwerk des Torfstechens könnte sich als notwendig erweisen.
Dann gehen die Schüler an die Aufgabe, die Lücken mit passenden Wörtern zu füllen. Dabei wird es einer grammatisch einigermaßen geschulten Klasse nicht schwerfallen, Adjektive und Verben jeweils an die richtige Stelle zu setzen. Die Auswertung erfolgt noch ohne das Original. Die Schüler verlesen ihre Fassung, und die Klasse diskutiert darüber, ob mit den gewählten Wörtern Stimmung und Spannung adäquat wiedergegeben werden. Erst dann erhalten die Schüler den Balladentext. Sie werden neugierig und gespannt untersuchen, wie die Dichterin die beiden Wortarten verwendet hat. Bei der Analyse des Textes sollte betont werden, daß die Verben einerseits bildhaft-anschaulich („häkelt", „nicket"), andererseits lautmalerisch („knittert", „pfeift") verwendet werden, daß sie allesamt jedoch aktiv-dynamisch gefärbt sind. Bei den Adjektiven fällt auf, daß sie zum einen versuchen, das Atmosphärische treffend wiederzugeben („hohl ... sauset der Wind"), zum anderen – ähnlich wie die Verben – lautmalerisch wirken und dadurch ebenfalls die Atmosphäre des Schaurigen unterstreichen („klaffende Höhle", „zitternde Kind"). Außerdem wirkt in den Adjektiven, die von Partizipien abgeleitet sind, noch ein Rest von Bewegung nach.
Die hier gewählte Methode der Eigenarbeit der Schüler ist sehr gut dazu geeignet, die sonst häufig auftretenden Blockaden bei der Sprachanalyse aufzubrechen, weil sie erleben, daß ihre Wortvorschläge im Mittelpunkt des Interesses stehen, daß sie bei diesem Verfahren sozusagen „auf die Ebene der Dichterin gehoben werden."
Von der Diskussion über die Aussagekraft der beiden Wortarten bis zum bewußten Vortrag der Ballade ist nur ein kleiner Schritt. Die Verben enthalten schon die Stufen der Spannungssteigerung. Es muß nur noch die dreiteilige Abfolge (Einleitung / Mittelteil / Schluß) bedacht werden. Regieanweisungen für die rich-

tige Betonung am Rande des Textes haben sich als Verfahren bewährt. Der sinnbetonte Vortrag schließt dann die Besprechung der Ballade ab.
Alternativ dazu kann auch die folgende Aufgabe gestellt werden.
Schriftliche Aufgabe:
Nach den schaurigen Erlebnissen im Moor kommt der Junge nach Hause und erzählt seiner Mutter, was er im Moor erlebt hat. Schreibe das Gespräch mit der Mutter in Dialogform auf! Überlege dabei, in welcher Weise die Mutter auf die Schilderung des Kindes reagiert haben könnte!

Die Nichtigkeit der Menschenwerke

Theodor Fontane: „Die Brück' am Tay"

Die Ballade hat als äußere Quelle den Einsturz der Eisenbahnbrücke über den Firth of Tay in der Nacht vom 28. auf 29. Dezember 1879. Das Unglück, das keiner der rund 100 Passagiere überlebte, erregte damals – wiewohl noch im Vor-Fernsehzeitalter – weltweit viel Aufsehen. In der internationalen Presse wurden unterschiedliche Theorien über die Ursachen des Einsturzes vorgetragen. Diese sahen einmal in der zu hohen Geschwindigkeit des Zuges, dann in Konstruktionsmängeln oder in menschlichem Versagen die Schuld für die Katastrophe. Max Eyth, der Ingenieur und Schriftsteller, veröffentlichte damals eine Erzählung mit dem Titel „Die Brücke über die Ennobucht". Darin gibt er einen authentischen Tatsachenbericht von dem Geschehen und stellt ebenfalls Vermutungen über die Ursachen an. Ihm, dem Techniker, liegen alle jenseits des Materiellen liegenden Gründe fern. Für ihn war der Sicherheitskoeffizient für den Winddruck zu klein, wie auch amerikanische Experten bei Experimenten festgestellt hätten.
Die Ballade ist bis heute ein Klassiker im Unterricht geblieben. Der Kampf zwischen Technik und Natur spricht Schüler an und gibt viel Stoff auch für aktuell geprägte Diskussionen. Zudem gibt es aufgrund der guten Materiallage (Zeitungsberichte; Erzählung von Max Eyth) die Möglichkeit, unterschiedliche Zugänge zu der Ballade zu wählen bzw. die Besprechung an verschiedenen Stellen zu vertiefen.

Interpretationsskizze

Fontane interessiert an der Katastrophe nicht das Vordergründig-Technische, sondern das Schicksalhafte. Die Ballade „spielt" auf zwei Ebenen, die auch formal im Aufbau voneinander getrennt sind. Der 5-strophische Mittelteil verarbeitet den realen Vorgang, die beiden Rahmenstrophen das Hintergründig-Schick-

salhafte. Dort treten in Dialogform drei Hexen auf, die Winde aus verschiedenen Himmelsrichtungen verkörpern. In hämischer Manier künden sie ihr Zerstörungswerk an: „... die Brücke muß in den Grund hinein." Nach der Katastrophe verabreden sie sich zu einem neuen Treffen, um sich gegenseitig die Erlebnisse des schauderhaften Unglücks zu berichten. Sie geben ihrer Freude über ihr Zerstörungswerk ungezügelt Ausdruck: „Hei! Wie Splitter brach das Gebälk entzwei." Fontane zitiert eingangs unmittelbar nach dem Unglücksdatum eine der Hexen aus Shakespeares Macbeth. Dort sind es ebenfalls Windhexen, die ihr Zerstörungswerk verabreden und anschließend feiern. Fontane übernimmt die Naturauffassung des englischen Dramatikers, die in der Natur das Chaos sieht, das sich in unberechenbarer Weise dem Menschen gegenüber eruptiv entlädt. In den zweifach auftretenden Versen: „Tand, Tand / ist das Gebilde aus Menschenhand" wird der Grund für das Zerstörerische in den Naturgewalten gesehen. Sie rächen sich an der Überheblichkeit des Menschen, indem sie seine Schöpfungswerke, die Werke der Technik, zerstören. Der Mensch erlebt diese Zerstörungen als unberechenbares Schicksal, dem er – bis heute – machtlos ausgeliefert ist.
Der Mittelteil beleuchtet schlaglichtartig die reale Situation: Die Brücknersleute warten im Brückenhaus unruhig und ängstlich auf den Zug, auf dem ihr Sohn als Lokomotivführer arbeitet. Sie wollen für ihn ein zweites Mal Weihnachten feiern. Der Vater ist zuversichtlich, daß der Zug pünktlich kommt, und beruhigt die bange Mutter. Ein Szenenwechsel zu dem heranbrausenden Zug zeigt den Sohn, der voll Vertrauen in das Werk der Technik dem Wüten des Sturmes gegenübertritt. Die Brücke hat in seinen Augen den Menschen nur Segen gebracht, weil das gefährliche Übersetzen mit dem Fährboot jetzt überflüssig geworden ist.
Nach einem erneuten Wechsel der Perspektive sieht der Leser gemeinsam mit den Eltern aus dem Fenster des Brückenhauses in die Nacht und erlebt die Katastrophe indirekt als Zuschauer. Der Untergang gleicht einem gewaltigen Naturschauspiel („Feuer vom Himmel" / „niederschießende Pracht").
Die Ballade arbeitet an verschiedenen Stellen mit lautmalerischer Gestaltung des Geschehens. Helle i-Laute in den Hexenbeschwörungen zeigen die grausame, fast kindliche Freude („Hei, das gibt einen Ringelreihn"). Dunkle a-Laute geben der Begründung für das Zerstörungswerk etwas Dämonisch-Schweres („Tand, Tand / ist das Gebilde von Menschenhand"). Im Mittelteil wird das Fallen des Feuerschweifes durch eine Häufung von i-Lauten unterstrichen („erglüht es in niederschießender Pracht").

Methodische Hinweise

Die Ratlosigkeit der Zeitgenossen angesichts der Zerstörung des technischen Wunderwerks, aber auch die Suche im Bereich des Technischen bestimmte damals alle Reaktionen. Fontane schuf dazu einen scharfen Kontrast, indem er die dämonische Macht der Natur, das schicksalhafte Verstricktsein des Menschen in diese Macht zum Thema machte. Hier soll ein Zugang zu der Ballade vorgeschlagen werden, der die Erklärungsnot der Zeitgenossen zum Ausgangspunkt nimmt und die „Lösung" Fontanes vorerst noch verbirgt. Deshalb erhalten die Schüler als erste Textfassung nur den Mittelteil. Dieser wird ohne Hinweis auf das Fehlende als in sich vollständiger und stimmiger Text besprochen. Zur Veranschaulichung sollte der Lehrer an der Tafel eine Skizze von der Lage der Brücke und des Brückenhauses entwerfen. Ein Bild der Brücke (s. A 1.12) kann das Bauwerk noch weiter veranschaulichen. Im Mittelpunkt der Betrachtung stehen danach die unterschiedlichen Einstellungen der Personen zu diesem Werk der Technik und zu den Gefahren durch den Sturm (optimistischer, technikgläubiger Sohn, zuversichtlicher Vater, ängstliche Mutter). Danach fragt der Lehrer, ob der Text irgendwelche Hinweise auf die Ursache der Katastrophe enthält. In der Regel werden Schüler dieser Altersstufe die Frage verneinen, weil sie noch nicht so textgeübt sind, die bildhaften Andeutungen der zentralen Textstelle zu interpretieren („wütender wurde ihr Winde Spiel" ... bis „niederschießender Pracht"). Die Deutung dieser Stelle, die schon wichtige Hinweise auf die zentrale Aussage enthält, wird deshalb noch zurückgestellt. Die Schüler erhalten den Auftrag, eine weitere Strophe hinzuzufügen, die sich mit den Ursachen des Unglücks beschäftigt und Erklärungen dafür anbietet. Die Strophe muß sich nicht reimen, kann also in Prosa verfaßt werden. Günstig wäre eine Art von Dialogform, die Meinungen verschiedener Personen zu Wort kommen läßt: den Erbauer der Brücke z. B. oder einen Vertreter der Eisenbahngesellschaft oder noch einmal die Eltern. Eine Viertelstunde reicht für diese Aufgabe aus. Die Schülerstrophen beschäftigen sich in der Regel mit vordergründigen Ursachen, liegen also im Trend der zeitgenössischen Aufarbeitung der Katastrophe. Nur in wenigen Fällen kommen nach meiner Erfahrung Lösungen vor, die z. B. Gott ins Spiel bringen oder die „böse Natur", die die Menschen bestrafen will. Jetzt wiederholen wir die Frage, ob nicht im Text doch Andeutungen enthalten sind, die auf mögliche Ursachen verweisen. Wenn von Schülerseite die Textstellen nicht genannt werden, muß der Lehrer lenkend eingreifen. Er bittet die Schüler, die Verse 5–7 in Strophe 5 mit einem Stift anzustreichen. Im gelenkten Unterrichtsgespräch wird der Sinn dieser Textstellen erschlossen:

> „wütender wurde der Winde Spiel": Der Sturm wird als wütend dargestellt (menschliche Eigenschaft), er spielt mit dem, was der Mensch erschaffen hat.
>
> „als ob Feuer vom Himmel fiel": Der Himmel ist in christlicher Sicht der Bereich Gottes; will er die Menschen für irgend etwas strafen? (Beispiel von Sodom und Gomorrha)
>
> „erglüht es in niederschießender Pracht": die fürchterliche Katastrophe wird positiv gesehen, als ob sich jemand an dem Schauspiel und dem Unglück der Menschen ergötzt. Wer mag das sein?

Die Ergebnisse sollten hier durchaus als Hypothesen oder in Frageform formuliert werden, weil diese Textstellen noch keinen definitiven Schluß zulassen. Der dann vorgesehene Unterrichtsschritt bringt einen Überraschungseffekt. Er muß vom Lehrer eine Stunde zuvor geplant werden. Drei Schülerinnen, die im Vortrag von Gedichten geübt sind und effektvoll auftreten können (vielleicht mit Theatererfahrung!), werden in die ganze Ballade „eingeweiht". Sie erhalten den Auftrag, die Hexenrollen gut zu lernen und den Ausdruck (die hämische, grausame Haltung) zu üben. Sie fehlen im ersten Teil der Stunde und werden vom Lehrer an der passenden Stelle hereingerufen. Es folgt der Hinweis des Lehrers, daß diese drei Schülerinnen die Lösung für den rätselhaften Einsturz parat haben und daß sie in zwei weiteren Strophen des Dichters verborgen liegt, die die Schülerinnen jetzt vortragen. Das Gespräch nach dem Vortrag dreht sich sehr schnell um die Frage: Wer sind die drei Figuren? Was verkörpern sie? Was will Fontane damit aussagen? Die Schlüsselstelle „Tand, Tand ..." wird in der Regel erst verstanden, wenn die Worterklärung für Tand (wertloses Zeug, Glitzerwerk, Trödelkram) vom Lehrer gegeben worden ist. Die Schüler werden jetzt verstehen, daß Fontane dem Technikglauben der Menschen des ausgehenden 19. Jahrhunderts die dämonische Zerstörungskraft der Natur gegenüberstellt.
Die Frage nach der aktuellen Bedeutung dieser Aussage wird von den Schülern leicht beantwortet werden können. Zu gegenwärtig sind ihnen noch Katastrophen und Unglücke, bei denen eine mächtige Natur den Menschen in seine Schranken verwiesen hat. Das Fernsehen liefert solche Bilder nahezu täglich.

Weiterführungsmöglichkeit

Paul Zech: „Die Ballade von den Brückenbauern"

Diese Ballade des expressionistischen Dichters Paul Zech, die Ende der Zwanziger Jahre entstanden ist, schließt thematisch an die „Brücke am Tay" an. Nur ist hier von einer Auflehnung der Elemente gegen die Technik nicht mehr die Rede. Die Vernichtung der Naturschönheiten – symbolisiert durch das Verschwinden des „weißen Schwans" aus der Flußlandschaft – erscheint schon als der notwendige Tribut an den technischen Fortschritt. Die Ballade ist eine der ersten literarischen Dokumente einer von „ökologischem Denken" geprägten Haltung.

Kurzinterpretation

Die Handlung der Ballade vollzieht sich zwischen den beiden zeitlichen Polen „einst" (Strophe 1) und „jetzt" (letzte Strophe). Die einst noch intakte Flußlandschaft, die die Menschen als Naturschönheit faszinierte, wird durch ein Brückenbauprojekt bedroht. Die mehrfach verwendete Farbe weiß („weißer Schwan",

„weiße Mädchen") steht für Unberührtheit und Reinheit, während die Arbeiter und Techniker, die in diese Landschaft einfallen, durch die Farbe schwarz charakterisiert werden. Die Farbe des Himmels über der Brücke wird symbolträchtig als „schmutzig-grau" beschrieben. Das erste Aufbäumen der Natur gegen die Brücke ist erfolgreich: Wasser und Eis zernagen die Pfeiler, der Frühlingswind bringt das Bauwerk zum Einsturz; die Arbeiter werden mit in den Tod gerissen. Und doch wird die Brücke schließlich errichtet. Der technische Fortschritt läßt sich nicht aufhalten.

Vorschlag zur Methode

Wenn man bei der Ballade die letzte Strophe wegläßt, liegt die „Lösung" durchaus auf der Ebene der Fontane-Ballade („Der Bau ist auch schon zu Staub zerkracht"). Die drei Punkte am Ende der Strophe fordern dazu auf, weiterzudenken, die Ballade zu vervollständigen. Die Schüler werden diese Aufgabe erfahrungsgemäß so lösen, daß die Natur Sieger bleibt. Sie werden schreiben, daß das, „was noch übrig blieb", vom Fluß in alle Welt hinausgetrieben wurde, oder: daß der Mensch schließlich resigniert das Brückenprojekt eingestellt hat. Um so überraschter werden sie sein, wenn sie die letzte Strophe von Zech lesen, die in lapidarem Ton die Wendung zum Realismus vollzieht: „Darüber fährt jetzt eine Eisenbahn". Damit will er zeigen, daß der Mensch trotz seiner anfänglichen „Niederlagen" am technischen Fortschritt festgehalten und seine Vorhaben verwirklicht hat. Dieser Schluß entspricht, so schmerzlich es sein mag, der historischen Wahrheit.

2 Moderne Balladen

Didaktische Begründung

Wie eingangs angemerkt, sollte die Ballade in ihren verschiedenen Ausprägungen den Unterricht der ganzen Mittelstufe begleiten. Dabei bietet sich an, nach der Behandlung der traditionellen Ballade in den Klassen 7 und 8 die Besprechung der modernen Ballade in 9 und 10 anzusiedeln. Schüler dieser Altersstufe erscheinen für die Rezeption der modernen Balladenformen besonders geeignet. Zum einen haben Schüler dieser Entwicklungsstufe viel Verständnis für Gesellschaftskritik, wie sie in den modernen Erzählgedichten häufig auftritt, durchlaufen sie doch selber in der Pubertät Phasen der kritischen Distanz zu gesellschaftlichen und staatlichen Institutionen und Normen. Zum anderen sind sie eher als jüngere Schüler in der Lage, die sprachliche Gestaltung moderner Balladen – die Elemente von Ironie, Komik, Groteske etc. – zu verstehen und auch zu genießen.

Die moderne Ballade will anders als die traditionelle nicht die Identifizierung des Hörers mit dem Geschehen, sondern die Distanzierung. Deshalb der reflektierende, oft auf Entlarvung angelegte Gestus dieses Balladentyps. „An die Stelle des Gegensatzes von äußerer Handlung und innerem Geschehen, von Vorder- und Hinterbühne tritt der Gegensatz von scheinbar vordergründiger Aussage und hintergründiger Aussageabsicht, von gespielt ernsthafter Handlung und verborgenem Appell an das kritische Urteilsvermögen des Hörers oder Lesers.“ (Robert Ulshöfer: Methodik des Deutschunterrichts, Mittelstufe, Stuttgart 1953, S. 251) Ziel der Besprechung solcher Balladen im Unterricht muß es also sein, diese „hintergründige Aussageabsicht“ hinter dem oft gewollt-saloppen, oft komisch-grotesken Sprachmaterial bloßzulegen. Ein wesentlicher Teil der Unterrichtsarbeit wird deshalb durch die sprachliche Analyse beansprucht werden.

Aus der Fülle der modernen Balladen und der ebenso großen Zahl verschiedener formaler Spielarten sollen hier Balladen zu zwei einheitlichen Themenbereichen vorgestellt werden. Sie repräsentieren gleichzeitig zwei formale Typen aus dem großen Repertoire moderner Balladenformen.

Jungmädchenträume in Küchenliedern und Moritaten

Didaktische Begründung

Im 19. Jahrhundert erlebten das im Mittelalter entstandene Bänkellied und eine Abart davon – die Moritat – eine neue Blüte. Von berufsmäßigen Sängern mit Drehorgelbegleitung auf Jahrmärkten vorgetragen, erfüllten sie damals die Funktion von Nachrichtenübermittlung und zumeist schauriger Unterhaltung in einem. Auf eine große Leinwand waren zu den Liedern passende Illustrationen gemalt, auf die bei den entsprechenden Liedpassagen mit dem Zeigestock hingewiesen wurde. Die Inhalte waren sensationelle Tagesereignisse, vor allem Verbrechen oder Katastrophen. Der moralische Impetus und der affirmative Charakter kamen darin zum Ausdruck, daß immer das Gute siegte und die Bösewichter der gerechten Strafe zugeführt wurden. Die Melodien der Lieder waren meistens volkstümlich, so daß schon deshalb eine Identifikation der Zuhörer gegeben war. In der Kaiserzeit entstanden nun aus der Vielzahl von Varianten dieser Moritaten die sogenannten Küchenlieder. Es waren Lieder, die von Sängern in Hinterhöfen vorgetragen und von Dienstmädchen und Köchinnen in der Küche bei der Arbeit nachgesungen wurden. Die Inhalte beschrieben meistens die Lebensumstände und Schicksale der jungen Hausangestellten und waren im Ton besonders rührselig. Typische Themen waren wie bei den hier vorgestellten Beispielen ungewollte Schwangerschaft und das ehrlose Verhalten der Verführer. Um die Brisanz dieser Themen zu ermessen, muß man sich die gesellschaftlichen Tatbestände jener Zeit vor Augen führen. Im Jahre 1890 waren in München 32% der Neugeborenen unehelich, in Leipzig 23%, in Hannover 16% und in Berlin 12%. Die Ursache lag darin, daß einerseits die Männer den Sexualtrieb jenseits der oft nur aus kommerziellen Gründen geschlossenen Ehe befriedigten; andererseits war die Armut großer Teile der Unterschicht ein Hindernis für die Ehe, also für die Legalisierung eines Liebesverhältnisses. Die Mütter unehelicher Kinder waren damals materiell stark belastet und gesellschaftlich gebrandmarkt. Die Folge waren viele (oft mißlungene) Abtreibungen, Kindstötungen und ein schwungvoller Handel mit Kindern durch sogenannte „Adoptionszentralen“. (Einen guten Einblick in diese Problematik gibt ein Artikel von Hans Doderer im „Tagesspiegel“ vom 1. 8. 1993 mit dem Titel „Mörderische Moral“, s. A 2.2.) Im 20. Jahrhundert wurden Bänkellied und Moritat von Dichtern bewußt aufgegriffen, um dadurch der Gattung Ballade neue Impulse zu verleihen. Brecht, Wedekind, Kästner, Mühsam, Morgenstern und Ringelnatz sind die wichtigsten Vertreter dieser Richtung. Das Kabarett der 20er Jahre und viele Chansons bis hin zu den Protestliedern der 60er und 70er Jahre adaptierten Stilelemente von Bänkellied und Moritat. Der rührselige und affirmative Charakter der alten Lieder wich jetzt einer sozialkritischen und die Gesellschaft provozierenden Hal-

tung. Bestimmte Elemente von Form und Sprache der Moritaten machten sich die Dichter allerdings zunutze. Sie hielten den Galgenhumor, die Schockwirkung und die Situationskomik vieler Moritaten für bestens geeignet, den intendierten kritischen Inhalt zu transportieren. Die moderne Ballade sei deshalb „Scherz- oder Haßbericht plus Kommentar in balladesker, bänkelsängerischer Aufmachung“ (Ulshöfer).
Ziel der Besprechung der Balladen dieser Gruppe ist die Hinführung der Schüler zu einer der gekonntesten Adaptionen eines Bänkellieds: der „Seeräuber-Jenny“ aus der „Dreigroschenoper“ von Brecht. Um den Weg hin zu dieser modernen Form aufzuzeigen, sollen zuerst zwei klassische und höchst typische Küchenlieder vorgestellt werden. Die Schüler werden dann im Kontrast gut erkennen können, wie Brecht meisterhaft mit der Form umgeht und sie für die „Verpackung“ eines kritischen Inhalts nutzt. Das schülerzentrierte Unterrichtsverfahren kommt darin zum Ausdruck, daß die Schüler, bevor sie den Text von Brecht kennenlernen, sich durch zwei Schreibaufgaben (die Wiedergabe des Traums eines der Küchenmädchen und das Schreiben einer Moritat zum Zeitungsbericht über Jenny) der emanzipatorischen Aussage der Ballade von Brecht und ihrer Hauptgestalt annähern.

Interpretationsskizzen

Die beiden Küchenlieder (A 2.1) haben als Thema die Situation einer ledigen Mutter. Im ersten wird die typische Verführungssituation gezeigt: Ein gutgläubiges junges Mädchen unterliegt dem Charme und dem Eroberungsdrang eines Offiziers. Im zweiten Lied wird der Verführer nur kurz erwähnt. Er scheint ein Mädchen nach dem anderen zu erobern, ohne sich um die Folgen zu kümmern („Will dich und mich nicht sehn“). Beide Mädchen sehen eine „Lösung“ nur im Freitod. Die erste wird durch die ungünstige Jahreszeit (zugefrorener See), die andere durch die wehmütigen Augen des Kindes von ihrem Vorhaben abgebracht. Während die erste Mutter weiter ihren Sehnsüchten nachhängt („Heimat, süße Heimat“ – als Inbegriff des Glücks), ringt sich die zweite angesichts des Kindes zu einer Haltung des Vergebens durch. Das Lied ist letztlich ein Loblied auf das Mutterglück, das selbst widrige Umstände überstehen hilft. Die Sprache der Lieder ist denkbar einfach, die Aussage reduziert auf wichtige, emotional aufgeladene Bilder („eine heiße Träne rinnt“ / „Ins tiefe Wasser wollt sie gehn“).
Das Lied „Die Seeräuber – Jenny“ entstammt der „Dreigroschenoper“, dem populärsten Bühnenwerk Brechts. Es wird in der Hochzeitsszene von der Braut Polly Peachum selbst vorgetragen, nachdem das zotige Lied dreier Kumpane von Macheath keinen Beifall gefunden hat. Der Bräutigam Macheath ist von der Echtheit des Vortrags so irritiert, daß er Polly künftig „diese Verstellerei“ verbietet. Ihm als klassischem Macho geht der emanzipatorische Inhalt des Liedes wohl

zu weit. Brecht hat dem Lied später den Untertitel „Träume eines Küchenmädchens“ gegeben, was die Aussage verdeutlicht. In monologischer Rede vergegenwärtigt sich das Abwaschmädchen eines heruntergekommenen Hotels ihre soziale Lage und imaginiert sich dann in einen Traum von Rache und Befreiung hinein. Ihre soziale Situation wird eingangs knapp umrissen: Gläser der Gäste abwaschen und die Betten machen sind ihre Arbeiten. Sie ist schlecht gekleidet und auf die Trinkgelder der Gäste, die sie eigentlich als Almosen verabscheut („Und man reicht mir den Penny hin“ – man beachte die herablassende Geste), angewiesen. Daß sie das Geld genauso widerwillig annimmt, wie sie ihre Arbeit verrichtet, kann man an den Passivwendungen erkennen („Und der Penny wird genommen und das Bett wird gemacht“). Die beiden ersten Strophen weisen eine identische innere Struktur auf: Die ersten fünf Verse geben die reale Situation wieder, die nächsten vier – beginnend mit der antithetischen Wendung „Aber eines Abends ...“ – die vorgestellte, erträumte Rache. Die letzten drei Verse bilden das ganze Lied hindurch bei Abwandlung nur des letzten Verses eine Art Refrain. Er zeigt das Piratenschiff, mit dessen Hilfe die Rache ins Werk gesetzt wird. In den beiden letzten Strophen gewinnt die Traumvision ganz die Oberhand. Der jeweils 6. Vers bildet auch hier einen Einschnitt. Er liefert eine zeitliche Markierung („Und in dieser Nacht“ / „Und an diesem Morgen“), verdeutlicht also das Fortschreiten des Rachevollzugs. Zugleich gibt er wieder, wie die herannahende Rache für die Bewohner der Stadt akustisch wahrnehmbarer wird: „Geschrei ... am Hafen“ / „Getös ... am Hafen“ / „Geschrei um das Hotel“ und schließlich „still ... am Hafen“ sind die einzelnen akustischen Signale. Dabei fällt auf, daß der Höhepunkt durch die Stille markiert wird. Die Todesangst der Betroffenen läßt kein Geräusch mehr zu. Auch das Verhalten des Küchenmädchens, das sich im Traum in die Seeräuberbraut Jenny verwandelt, erfährt von Strophe zu Strophe eine Steigerung: Vom wissenden Lächeln beim Gläserabwaschen, zum bösen Lächeln, dann zur herrischen Geste („mich sehen treten aus der Tür“) bis schließlich zum knapp formulierten Todesurteil („Alle“) reicht die Skala der Körpersprache der vorgestellten Seeräuber-Jenny. An ihrem sarkastischen Kommentar bei der Enthauptung („Hoppla“) kann man ablesen, wie tief die Verwundungen und Demütigungen gewesen sein müssen, wenn sie sich in einem solchen verbalen Sadismus entladen. Das Lied schließt mit der Flucht des Mädchens in die Freiheit der Meere.
Diese klassische Anti-Moritat bedient sich gleichwohl wichtiger Elemente dieser Gattung. Im Mittelpunkt steht ein grausiges Verbrechen, begangen von einer Seeräuberbande. Akteurin ist ein unbedeutendes Küchenmädchen, das sich im Laufe der Handlung als rächende Seeräuberbraut entpuppt. Es siegt auch hier das Gute, das allerdings anders als in der herkömmlichen Moritat nicht identisch ist mit der Obrigkeit. Gerade das soll der Leser oder Hörer des Liedes erkennen. Die Gute ist nicht diejenige, die sich dem widrigen Schicksal ergeben fügt (wie in den beiden genannten Küchenliedern), sondern die mutige Frau, die sich kämpfend gegen Ausbeutung und Demütigung zur Wehr setzt. Die grausige Übertreibung ist Moritaten-Zutat. Der kundige Leser oder Hörer weiß die Botschaft sehr wohl zu deuten. Brecht will zur Veränderung einer ungerechten Ge-

sellschaftsordnung aufrufen. Das ist der sozialkritische Impetus dieser modernen Ballade.

Methodische Hinweise

Die beiden Küchenlieder sollen zur Besprechung der Anti-Moritat von Brecht hinführen. Da beide vielfach vertont wurden, sollten sie – oder nur eine von ihnen – unbedingt gesungen vorgeführt werden. Durch den Vortrag wird der rührselige, uns heute kitschig anmutende Inhalt überdeutlich. Nach der Klärung des zentralen Motivs der verlassenen (ungewollten) Mutter und nach Vermittlung einiger historischer Informationen durch den Lehrer sollten die wichtigsten Strukturmerkmale der Moritat und ihre Funktion im Kommunikationsprozeß der Vor-Radio-Zeit mit den Schülern besprochen werden. Wenn genügend Zeit zur Verfügung steht, kann ein Schülerreferat zur Geschichte des Bänkelliedes die Kenntnisse der Schüler vertiefen helfen. Die Diskussion wird sicher um die Frage kreisen, wie die völlig ergebene Haltung, die nur im Selbstmord einen Ausweg sieht, zu erklären sei. Hier setzt der nächste Schritt der Beschäftigung mit den beiden Liedern an. Die Schüler sollen sich Handlungsalternativen überlegen, die die Passivität und Resignation der Mädchen überwinden helfen. Die Form, in der sich dieses Handeln artikuliert, soll der Traum sein. Jeder Schüler formuliert einen Traum in der Ich-Form und in Prosa, in dem ein emanzipiertes Handeln der Mutter zum Ausdruck kommt. Diese Schreibaufgabe eignet sich gut als Hausaufgabe, weil die Schüler dabei ohne Zeitdruck und ihrem Tempo gemäß arbeiten können.

Die Ergebnisse werden vielfältiger Natur sein. Mal wird die Mutter sich persönlich an dem untreuen Vater rächen (u. U. durch einen gekauften Mörder), mal wird sie eine Bürgerinitiative für Gleichbetroffene ins Leben rufen. Mal wird sie mit anderen Müttern mit ähnlichem Schicksal in einer Wohngemeinschaft zusammenleben (Modell „Frauenhaus“), mal wird die Frau in die Politik gehen, um von oben her die Gesetze zu reformieren, die den Männern das Verlassen der geschwängerten Mädchen erlaubt. An Diskussionsstoff wird beim Verlesen der Träume kein Mangel sein. Die für Träume typischen Übertreibungen ins Grausame oder Skurrile werden zudem für reichlich Erheiterung sorgen.

Von hier aus soll die Brücke geschlagen werden zum Lied von Brecht. Auch hierbei soll die Schüleraktivität im Mittelpunkt stehen. Wir geben den Schülern eine fingierte Zeitungsmeldung über ein Abwaschmädchen in einer „Vier-Penny-Kneipe“ in Soho (so in der „Dreigroschenoper“ der kommentierende Hinweis von Polly zu ihrem Lied; s. A 2.3). Die Schüler sollen, aufbauend auf den Informationen dieser Zeitungsnotiz, eine Moritat schreiben, die den Rachetraum des toten Mädchens beinhaltet. Bei einer solch schwierigen Schreibaufgabe werden natürlich Ergebnisse unterschiedlichster Qualität erzielt werden. Es wird schnell deutlich werden, welche Schüler über eine Schreibbegabung oder auch über ein

gewisses Maß an Übung beim kreativen Schreiben verfügen. Auch der ganzen Klasse wird man anmerken, ob solche Übungen häufiger veranstaltet worden sind.
Nach dem Verlesen der Moritaten – einem Vorgang, dem der Lehrer viel Raum gewähren sollte, damit die Schüler ihre Aufgabe gewürdigt sehen – soll die Ballade von Brecht vorgestellt werden, am besten durch eine Gesangsaufnahme. Es empfiehlt sich, eine der klassischen Aufnahmen etwa von Gisela May oder Karin Baal zu wählen, die den trotzigen, aufrührerischen Gestus gut zum Ausdruck bringen. Nach einem Gespräch über die ersten Höreindrücke soll die Brechtsche Ballade mit den Schülerfassungen verglichen werden. Dabei kann natürlich der literarische Rang nicht das Kriterium der Betrachtung sein. Wichtiger und für Schüler produktiver ist die Frage, ob sie in der Lage waren, bei ihren eigenen Schreibergebnissen die Merkmale der Moritat anzuwenden. Danach soll dann der Text von Brecht in den Mittelpunkt gerückt und im Detail analysiert werden.

Weiterführungsmöglichkeit

Schreibversuche: Moritaten verfassen

Wenn die Klasse Gefallen an eigenen Schreibversuchen gefunden hat, kann der Lehrer diesen Ansatz ausbauen. Den Stoff findet man täglich in den Spalten der Boulevardpresse oder auf den Lokalseiten der seriösen Tageszeitungen. Wer sich die Mühe des Suchens ersparen will, kann auf zwei „Zeitungsberichte" zurückgreifen (s. A. 2.3). Das Schema, nach dem eine Moritat abgefaßt wird, ist den Schülern inzwischen so geläufig, daß sie schnell ans Werk gehen können. Ob sie mehr konventionell – also eher affirmativ – schreiben oder mit sozialkritischem Touch, sollte ihnen überlassen bleiben. Wichtig ist jedoch, daß die formalen und sprachlichen Merkmale der Moritat zum Ausdruck kommen. Wenn in der Lerngruppe künstlerisch begabte oder ambitionierte Schüler anzutreffen sind, wäre es sogar denkbar, daß der eine oder andere von ihnen eine Illustration wie beim klassischen Bänkellied herstellt. Beim Verlesen der Moritaten ist für eine vergnügliche Deutschstunde gesorgt.

Das Frauenbild in der Moritat

Es gibt unzählige Moritaten, die sich mit Frauen befassen. Oft sind es sogenannte „gefallene Frauen", denen die Männerwelt eine Schande angetan hat. Zentrales Motiv ist dabei, wie man bei den Küchenliedern sehen konnte, die ungewollte Schwangerschaft und die sich daraus ergebenden Seelennöte junger Mädchen.

Der affirmative, auf Ergebenheit in die Mächte des Schicksals angelegte Charakter der volkstümlichen, von anonymen Sängern stammenden Moritat wurde bei Dichtern des gehobenen Genres meistens ins Kritische abgewandelt: Sozialkritik im Gewande der Moritat. Wenn die Klasse nach der Besprechung der „Seeräuber-Jenny“ Gefallen an diesem Thema gefunden hat, kann man den Bogen zu weiteren Balladen, in denen Frauenschicksale behandelt werden, spannen. Einige seien hier in kurzer Form angesprochen (sind nicht im Materialband abgedruckt).

Kurzinterpretationen

„Schaurige Mordthat des Schusters von Treuenbrietzen“ (anonym)
Die Moritat, die vor allem unter dem Titel „Sabinchen war eine Frauenzimmer“ volkstümlich wurde, handelt von der verführten Tugend und der ausgleichenden Gerechtigkeit. Die Aussage lebt von dem Dualismus von Ehrlichkeit und Bedenkenlosigkeit, von Treue und Skrupellosigkeit. Es ist unschwer zu erkennen, daß es sich bei der Moritat schon um eine Parodie handelt; zu gehäuft treten die typischen Merkmale des Genres auf, zu überpointiert sind die sprachlichen Akzente gesetzt, als daß man nicht auf eine persiflierende Absicht schließen müßte.

Frank Wedekind: „Brigitte B“
Auch diese Moritat handelt von der Verführung eines jungen Mädchens durch einen skrupellosen Mann. Durch Sexualität hörig gemacht, ermöglicht sie ihm in stupider Ahnungslosigkeit einen Diebstahl im herrschaftlichen Hause. Dafür wird auch sie – neben dem Schurken selber – zur Rechenschaft gezogen. In unterkühlt-beiläufigem Ton berichtet die Ballade die Begebenheiten ohne irgendeine Wertung durch den Autor – für moderne Balladen eher ungewöhnlich.

Bertolt Brecht: „Von der Kindsmörderin Marie Farrar“
Das bekannte Gedicht schildert in drastischer Ausmalung einen Kindsmord aus Ausweglosigkeit. Die Vorgeschichte bleibt ausgespart. Ob das Kind eine Frucht echter Liebe oder einer niederträchtigen Verführung ist, interessiert nicht angesichts der sozialen Not und der seelischen Qualen, denen die Frau ausgesetzt ist. Brecht spricht von den „verworfnen Schwachen“, die durch Elend und Not in die Sünde getrieben werden. Die religiösen Bezüge des Gedichts sind unschwer zu erkennen: die Mörderin heißt Marie – an die Mutter Jesus’ erinnernd. Die Formulierung, mit der die Geburt beschrieben wird, könnte der Bibel entnommen sein: „Und sie gebar ... einen Sohn.“ Um so schockierender ist die Schilderung des Mordes selber. Dieser Kontrast soll den Leser aufrütteln, nicht die Frau zu verurteilen, sondern die Verhältnisse zu ändern, die solch ein Verhalten verursachen. Die Adressaten der Ballade – die wohlversorgten Frauen der bürgerlichen Schichten: „Ihr, die ihr gut gebärt in saubern Wochenbetten ...“ – werden vom Dichter direkt angesprochen. An ihr Mitleid und ihre Solidarität als Frauen will

er dabei appellieren. Diesem Zweck dient auch der jede Strophe abschließende Refrain: „Denn alle Kreatur braucht Hilf von allen."

Erich Mühsam: „Amanda"
Auch diese Moritat handelt von einem Kindsmord. Das Schema ist das Übliche: Die von einem „sauberen Galan" Verführte wird sitzengelassen und dem Elend und der Schande überantwortet. Die Bettelversuche gibt sie schließlich auf, weil sie als Hure beschimpft wird. In drastischer Manier wird der Mord beschrieben. Nachdem sie dem Kind ein letztes Mal die Brust gegeben hat, versenkt sie es im Abort. Danach erhängt sie sich. Die Moritat enthüllt nicht nur den typischen Mechanismus männlicher Verführung – wenn ein Mädchen willfährig war, gilt dies demselben Manne (dem „Schandpatron") als Beleg der Unehrenhaftigkeit –, sondern klagt die sozialen Hintergründe an: „Und das Geld, das schon so viele / hoffnungsvolle Leben fraß." Die Moritat ist gespickt mit den schaurig-rührseligen Zutaten des Genres.

Bertolt Brecht: „Ballade von der Hanna Cash"
Mit dieser Ballade, die vielleicht den Abschluß der Besprechung bilden sollte, werden die vorher besprochenen Schrecknisse überwunden und durch ein positiv gefärbtes Frauenschicksal abgelöst. Sie handelt von der sozialen Tugend der Heiterkeit und Freundlichkeit, der fraglosen Liebe gegenüber einem Mann, den andere verachten. Hanna Cash zeigt einen unerschütterlichen Lebenswillen, eine reine Lebenskraft inmitten eines Lebens, das von Armut, Dürftigkeit und dem Fehlen aller Glanzlichter gekennzeichnet ist. „Es ist die Liebe im verrückten Abbild dürftigster Zweisamkeit" (Genia Schulz: „Lektion über die Lebenskunst". In: Lehmann/Lethen: Bertolt Brechts ‚Hauspostille', Stuttgart 1978, S. 173–203). Auch hier kommt Religiöses ins Spiel. Die Kinder rezitieren inmitten familiärer Not (die Eltern müssen für das Essen stehlen) den Katechismus, der doch für dieses Leben in der Not keine Handlungsanweisung sein kann. Das Gedicht schließt mit dem Wunsch, Gott möge der mutigen Frau für ihr peinvolles Leben im Jenseits einen Ausgleich geben („Gott mach's ihr einmal wett"), damit wenigstens auf diesem Wege der Gerechtigkeit Genüge getan werde. Auch diese Ballade wendet sich wie viele Gedichte Brechts direkt an den Leser bzw. Hörer. Hinter der befremdlich anmutenden Anrede „mein Kind" verbirgt sich vielleicht die Geste des Überlegenen, der dem naiven Leser eine Lehre über und für das Leben vermitteln will. Dafür spricht auch der Abdruck der Ballade in der „Hauspostille", der Parodie eines religiösen Erbauungsbuches.

Vorschlag zur Methode

Es bietet sich an, die Balladen in Gruppenarbeit erarbeiten und dann im Plenum vortragen und interpretieren zu lassen. Auf diese Weise kann viel Zeit gespart werden. Außerdem wird dadurch die Eigentätigkeit der Schüler geweckt; sie können zeigen, ob sie in der Lage sind, eigenständige Deutungen von Moritaten bzw. Balladen zu liefern. Da diese Gattung sehr stark vom Gesang geprägt ist, sollte dort, wo eine Vertonung existiert, diese zur Verdeutlichung unbedingt eingesetzt werden.

Das Schicksal der armen Leute in der sozialkritischen Ballade

Erich Kästner: „Kurt Schmidt, statt einer Ballade"

Didaktische Begründung

Eine wesentliche Thematik moderner Balladen ist die Kritik an den sozialen Mißständen der Zeit. Oft eingebettet in eine linke Gesellschaftskritik, werden Ungerechtigkeit und Armut, aber auch die Selbstgefälligkeit und Herzlosigkeit der besitzenden Schichten, die sich für die bessere Gesellschaft hielten, angeprangert. Am sinnfälligsten kann eine solche Kritik erfolgen, wenn ein Einzelschicksal in den Mittelpunkt gestellt wird. Rührung und Mitleid, die wichtigsten Wirkungsabsichten der klassischen Moritat, aber auch Reflexion und Nachdenklichkeit, die Intentionen der modernen Ballade, können sich am besten entzünden, wenn sie durch einen einzelnen Menschen, dessen Leiden vorgeführt wird, angeregt werden. Deshalb findet man bis in die heutige Zeit Balladen, Moritaten oder Protestsongs, die von einem Einzelschicksal handeln. Dieser Typus wurde auch „Arme-Leute-Ballade" genannt und hat eine lange literarische Tradition. Deshalb erscheint es nicht überflüssig, Schülern dieses Genre vorzustellen, zumal sie ab einem bestimmten Alter für Gesellschaftskritik empfänglich sind und sie sich selber nicht mehr fraglos mit dem Status quo der eigenen Ordnung abfinden. Der produktionsorientierte Ansatz besteht bei diesem Text darin, das weggelassene Ende der Ballade zu verfassen.

Interpretationsskizze

Die Ballade ist ein sachlicher, betont unsentimentaler Bericht über Leben und Tod des Durchschnittsmenschen Schmidt. Sein Leben, das jeglicher Glanzlichter entbehrt, ist gekennzeichnet vom immer gleichen monotonen Ablauf, der durch den Rhythmus der Arbeit diktiert wird. Aufkeimende Träume von einem besseren Leben („Morgen kann sich alles ändern") oder von Reisen in ferne Länder bleiben unerfüllt; er wird von Schicksalsschlägen heimgesucht – Verlust eines

Daumens, Tod eines Kindes – und muß erleben, wie die Zeit seines ungelebten Lebens verrinnt. Erst spät merkt er, daß er zu denen gehört, die in allen Staaten der Welt „unten“ sind („... kein Land, / in dem die Schmidts nicht in der Mehrzahl waren“) und daß sich an dieser Grundtatsache nichts ändern wird. Er kommt zu einer desillusionierten Sicht der Funktion der Arbeiter in der Gesellschaft. Sie ernähren andere, die dadurch besser gestellt sind. Auch die Existenz einer unsterblichen Seele, für die sich all die Mühe lohnte, kommt ihm zum Schluß fraglich vor. Folgerichtig, daß er enttäuscht seinem Leben ein Ende setzt. Die traurige Tendenz der Ballade, die dem Inhalt geschuldet ist, wird durchgängig relativiert und durch ein großes Repertoire an sprachlichen Mitteln ins Ironisch-Scherzhafte umgebogen. Übertreibungen (wie z. B. die Darstellung der Pedanterie im Tagesablauf), Wortmontagen („schlief er sich satt“), groteske Vergleiche (der Mensch als Gemüse), befremdliche Metaphern („Ein Jahr starb ab“ / „Das Kind ging ein“), falsche Analogien („Die Zeit verging. Und Schmidt verging mit ihr“) sind nur die wichtigsten Ausdrucksmittel, die den sachlichen Bericht auf eine satirische Ebene heben. Dadurch bekommt die ernste Aussage, ohne daß sie voll zurückgenommen würde, eine zweite Ebene, einen humorigen Schimmer, eine Art von Galgenhumor.

Methodische Hinweise

Die Überlegung, wie man diese Ballade den Schülern präsentieren sollte, könnte an der Textstelle ansetzen, wo der Anti-Held Kurt Schmidt eine Art von Lernprozeß erlebt. In der siebten und achten Strophe heißt es zweimal: „Er merkte ...“. Dann folgt die realistisch-pessimistische Einsicht in die Fortdauer des unterprivilegierten Daseins, die dann schließlich im Selbstmord endet. Bei dieser Ballade wäre es reizvoll, die Schüler nach Handlungsalternativen suchen zu lassen. Dazu bekommen sie den Text nur bis zu der Stelle: „Er merkte eines Tages ...“. Im gemeinsamen Unterrichtsgespräch werden die wichtigsten Informationen über seine soziale Lage zusammengetragen und an der Tafel fixiert. Danach erhalten die Schüler den Auftrag, sich den sich daraus ergebenden Lernprozeß vorzustellen und ihn in Fortführung des Balladentextes aufzuschreiben. Damit sie Stil und Ton Kästners nicht völlig verfehlen, sollten schon am verkürzten Text kursorisch der Wortwitz und die paradoxen Sprachbilder der Ballade analysiert werden. Die Aufgabe sollte zu Hause erledigt werden, damit die Schüler ohne Zeitdruck und konzentriert arbeiten können. Danach werden ein paar Fassungen der Schüler vorgelesen und diskutiert. Fragestellung sollte dabei sein, ob die Erkenntnis und das daraus resultierende Handeln folgerichtig sind und ob der Ton des ersten Teils getroffen wurde.
Wenn danach der Text Kästners präsentiert wird, gibt es die Möglichkeit, die beiden letzten Verse der Ballade wegzulassen. Sie würde dann mit dem Vers enden: „10 Stunden lag er, ohne Blick und stumm.“ Dieser Vers nähme dann eine fast

wortgleiche Textstelle vom Anfang wieder auf, so daß die Aussage entstünde, das Leben schließe genau so traurig ab, wie es begonnen hat. Erst nach einer Diskussion mit den Schülern über die Plausibilität dieses Schlusses (die nicht von der Hand zu weisen ist, weil dieser Schluß das Normalschicksal der Schmidts darstellt), sollte der Originalschluß präsentiert werden.

Weiterführungsmöglichkeit

Der „Kleine Mann" anderswo – andere „Arme-Leute-Balladen"
Kästner hat viele Nachahmer gefunden. In zahlreichen Balladen, Chansons, Moritaten und Gedichten wurde das Thema vom kleinen Mann, ob er nun Schmidt heißt oder Schulze, variiert, so daß an Auswahl – wenn eine Weiterführung des Themas gewünscht wird – kein Mangel ist. Bei der hier vorgestellten Auswahl (A 2.5), die sich auf wenige Texte beschränken muß, wurde darauf geachtet, daß unterschiedliche historische Zeiten und verschiedene gesellschaftliche Ordnungen zu Wort kommen. Außerdem sollte die sprachliche Vielfalt gewahrt bleiben.

Kurzinterpretationen

Wolf Biermann: „Die Ballade von dem Drainage-Leger Fredi Rohsmeisl aus Buckow"
Es geht um den „Kleinen Mann" in der ehemaligen DDR. Der Arbeiter Fredi Rohsmeisl begeht in der sittenstrengen sozialistischen Gesellschaft das Vergehen, „auseinander", d. h. offen, mit seiner Verlobten zu tanzen. Diese Tanzform galt den strengen Ideologie- und Tugendwächtern des „Arbeiter- und Bauernstaates" als „Ausdruck westlicher Dekadenz". „Zwei Kerle" – unschwer als Mitarbeiter der Staatssicherheit zu identifizieren – werfen ihn aus dem Tanzlokal auf die Straße. Seine tätliche Gegenwehr – „Da hat Fredi Rohsmeisl beide verrammt" – bringt ihn ins Gefängnis. Nach einigen Jahren hat sich in der DDR-Gesellschaft ein Wandel zu mehr Liberalität vollzogen – ausgelöst durch das „Tauwetter" der Entstalinisierung in der Sowjetunion („. . . als der zehnte Sputnik flog"). Jetzt sind die heißen westlichen Rhythmen und Tänze offiziell erlaubt, selbst die SED-Größen wie der Staatsanwalt tanzen jetzt „auseinander". Auffällig an der Haltung des Arbeiters ist, daß er den Sozialismus nicht grundsätzlich ablehnt. Er ist nur gegen den „Staat in Buckow", d. h. gegen ein Verhalten der Staatsgewalt, wie es sich in der Tanzaffäre ihm gegenüber ausdrückt. Die Bevölkerung scheint ähnlich zu denken, sieht sie doch passiv zu, als er die beiden STASI-Vertreter zusammenschlägt („Halb Buckow sah ihm zu dabei"). Typisch für den Moritatenstil Biermanns ist die derbe, volkstümliche Sprache („. . . in die Fresse gehaun"), der

Gestus des Zeigens („Das ist die Ballade von ...“), der formelhafte Refrain, der mit der stereotypen Frage abschließt: „Aber nützt uns das? / Nein.“ Am Ende der Ballade heißt es, nachdem der Wandel zu mehr Freiheit in der Gesellschaft stattgefunden hat: „Aber nützt uns das?/ (Ja.)“. Das „Ja“ in Klammern soll wohl andeuten, daß man sich der Dauer des Wandels und seines Fortgangs nicht all zu sicher sein kann, eine Prognose, die durch die Realität bestätigt worden ist. Die Moritat variiert ein Biermannsches Grundthema, die Forderung nach einem freien und selbstbestimmten und genußvollen Leben im Sozialismus. Das offene Tanzen ist deshalb nur das Symbol für ein selbstbestimmtes Dasein.

Franz Josef Degenhardt: „Tonio Schiavo“
Das 1971 auf der berühmten Platte „Spiel nicht mit den Schmuddelkindern“ erschienene Lied „Tonio Schiavo“ hat in den 90er Jahren – seit der Wiedervereinigung Deutschlands – eine traurige Aktualität erlangt. Fremdenhaß, Aggressionen gegen Ausländer gehören in diesen Jahren zum Erscheinungsbild des wiedervereinten Landes. Das Lied thematisiert die Armutswanderung vieler Italiener aus dem unterentwickelten Süden („Mezzo-giorno“) ihres Landes in das Ruhrgebiet, das ihnen angesichts der dort möglichen Verdienste wie das Gelobte Land („ins Paradies“) vorkommen mußte. Mit knappen Strichen wird ihr ärmliches und schweres Leben skizziert: Kinderreichtum, beengte Wohnverhältnisse zu Hause, Ausbeutung und Reglementierung durch Vermieter, Schufterei bei der Arbeit („schaffte für zehn auf dem Bau“) in Deutschland. Der Streit, der in Mord und Lynchjustiz endet, entzündet sich an einer eher beiläufig dahergesprochenen und vom Alkohol stimulierten Beleidigung: „Itaker-Sau“, die jedoch den Stolz des Italieners so verletzt, daß er sich spontan rächt. Politisch geprägte Ressentiments spielen bei dem Konflikt keine Rolle; es geht vielmehr um die normale Unfähigkeit der Menschen, den Andersgearteten als menschliches Wesen zu achten. Der Balladenstil ist vergleichbar mit dem Biermanns: volksnahe Sprache („alle waren blau“), zeigender Gestus („Das ist die Geschichte ...“), Refrain mit komischem Kontrast (Paradies – Herne).

Bertolt Brecht: „Kohlen für Mike“
Brecht nannte dieses Gedicht Chronik und nicht Ballade, um dadurch den Anschein der Authentizität zu erhöhen. Schon der Anfangsvers unterstreicht diese Absicht: „Ich habe gehört, daß in Ohio ...“. Der Bremser Mike McCoy ist infolge schlechter Arbeitsbedingungen und labiler Gesundheit („schwacher Lunge“) gestorben. Die ehemaligen Arbeitskameraden unterstützen die verarmte Witwe, indem sie heimlich Kohlen aus dem Zug werfen, wenn sie nachts an ihrem Haus vorbeifahren. Die Kameraden sind die Helden des Gedichts. Sie korrigieren das soziale Unrecht, das in ihren Augen für den Tod Mikes verantwortlich ist, indem sie die Witwe mit dem Eigentum der Eisenbahngesellschaft entschädigen. Die Botschaft des Gedichts ist, daß Kameradschaft und Solidarität in der Lage sind, soziales Unrecht auszugleichen. Die beiden Schlüsselwörter des Gedichts „Armut“ und „Kameradschaft“ sind vom Dichter in exponierte Stellungen gerückt worden. Sie stehen inversiv jeweils am Ende der ersten und letzten Strophe. An-

sonsten ist der Stil des Gedichts nüchtern – sachlich, die Form einer Chronik, eines Berichtes aus vergangenen Zeiten, unterstreichend.

Vorschlag zur Methode

Die sozialkritischen Balladen eignen sich sehr gut dafür, Aufgaben abzuleiten, in denen die Schüler bestimmte Schreibrollen übernehmen sollen. Für die einzelnen Balladen wären folgende Aufgaben denkbar:

Zur Ballade von Biermann:

- Nach der Wiedervereinigung erinnert sich der Großvater Fredi Rohsmeisl an ein Ereignis auf einem Tanzfest in seiner Jugendzeit. Er erzählt in einer Kaffee- und Kuchenrunde seinen Enkelkindern das damalige Geschehen. Form: entweder Erzählerbericht oder szenischer Dialog.

Zur Ballade von Degenhardt:

- Die vier Bauarbeiter, die den italienischen Arbeiter vom Baugerüst gestürzt haben, stehen vor Gericht. Schreibe die Verhandlung in Dialogform auf!
  Oder:
- Der Polier, der durch sein Schimpfwort den folgenschweren Konflikt ausgelöst hat, wird von einer Zeitung zu dem Vorfall interviewt. Schreibe das Interview auf!

Zur Ballade von Brecht:

- Der Direktor der Eisenbahnfirma stellt, nachdem die Betriebsleitung den Diebstahl entdeckt hat, einen der Bremser in einem Gespräch zur Rede. Schreibe dieses Gespräch, in dem der Bremser sein Verhalten begründet, in Dialogform auf!

3 Hinführung zum Gedicht

Didaktische Begründung

Gedichte sind im Deutschunterricht unverzichtbar. Sie drücken das Welterleben des Menschen in subjektiver, stimmungshafter Weise aus. Die Form lyrischen Sprechens ist „verdichtet", d. h. sprachkünstlerisch gestaltet. Schüler sind auf allen Alterstufen für diese persönliche Mitteilungsform, die dem Gedicht innewohnt, empfänglich, vorausgesetzt, daß man sie nicht mit Gedichten konfrontiert, die sie überfordern. An den Grund- oder Volksschulen werden Gedichte behandelt, die in einfacher und meist spielerischer Weise Sachverhalte, Stimmungen oder auch Konflikte ausdrücken. Hier wird der Lehrer nur ganz am Rande die Frage nach der Form dieser literarischen Gebilde stellen. Eine Heranführung an das Gedicht als Gattung erfolgt erst auf der Sekundarstufe. Da in den Klassen 7/8 in der Regel die Ballade dominiert, die eigene formale Gesetzmäßigkeiten besitzt, wird der Lehrer eine Einführung in die Lyrik erst in der 9. Klasse geben, was nicht heißt, daß Gedichte in den Klassen 7/8 gänzlich ausgespart würden. Worum es hier geht, ist eine systematisch angelegte Einführung in die Formelemente der Lyrik, die die Schüler mit den wichtigsten Gestaltungsmerkmalen beim Gedicht vertraut macht und so ein Fundament für alle weiteren Interpretationen legt. Die neunte Jahrgangsstufe scheint auch deshalb die geeignete Klassenstufe zu sein, weil hier die Schüler schon einen reflektierten Zugang zur Literatur besitzen und deshalb besser mit den abstrakt anmutenden Fachbegriffen umgehen können als jüngere Schüler. Es versteht sich von selber, daß man die Schüler trotzdem nicht mit Fachtermini „erschlagen" darf, indem man möglichst viel von ihnen auf einmal präsentiert. Besser ist, spielerisch damit zu beginnen, z. B. mit Werbesprüchen, die den Schülern vertraut sind. Es reicht, wenn der Lehrer an jedem Gedicht nur einen Fachbegriff einführt, der dann auch von den Schülern behalten werden kann. Bei dem Ansatz, den dieses Buch vertritt, versteht es sich von selbst, daß der Eigentätigkeit der Schüler auch bei einem systematischen Lehrgang viel Spielraum eingeräumt wird.

Es gibt in der Didaktik unterschiedliche Vorgehensweisen, in eine Einheit „Bauformen der Lyrik" einzusteigen. Der eine Ansatz beginnt damit, das metaphorische, uneigentliche Sprechen im Gedicht aufzuzeigen und als wesentlichen Unterschied zu nicht-lyrischen Textformen herauszustreichen. Andere Ansätze beginnen mit metrisch-rhythmischen Übungen. Hier wird ein Ansatz vorgestellt, der das Gedicht aus der Prosafassung herleitet. Danach werden Metrum und Reim als wesentliche Formelemente präsentiert und dann bausteingleich alle weiteren Elemente lyrischen Sprechens eingeführt und an Beispielen veranschaulicht. Auf jeder Stufe wird dabei die sprachschöpferische Tätigkeit der Schüler herausgefordert.

Was ist ein Gedicht?

Methodische Hinweise

Das bekannte Stadtgedicht von Theodor Storm liefert das Ausgangsmaterial für die Übung (s. A 3.1). Es wird den Schülern in einer Prosafassung präsentiert, die bis auf wenige Formulierungen wortgleich mit dem Gedicht ist. Sie sollen diesen Text zuerst inhaltlich nachvollziehen, d. h. erläutern, und dann feststellen, um was für eine Textsorte (dieser Begriff muß vielleicht zuerst noch eingeführt werden) es sich dabei handelt. Es werden Begriffe fallen wie Teil einer „Erzählung“, „Schilderung“ oder „Kurzgeschichte“. Man sollte all diese Begriffe gelten lassen, allenfalls noch den Sammelbegriff „Prosa“ einführen.
Danach erhalten die Schüler die Textfassung 2, eine in Zeilen umgebrochene prosanahe Fassung. Da der Inhalt hier derselbe wie oben ist, kommt man sofort zu der Frage, was für eine Textsorte hier vorliegt. Hier werden die Meinungen geteilt sein. Es wird Schüler geben, die auf „Gedicht“ tippen, weil die Zeilen nicht „vollgeschrieben“ sind, weil kurze, sogar sehr kurze „Verse“ vorliegen. Das haben sie zumindest optisch immer als Gedicht wahrgenommen. Andere Schüler werden darauf verweisen, daß sich der Text nicht reimt, also kein Gedicht sein kann. Für sie sind Gedicht und Reim identisch. Bevor der Lehrer den Streit schlichtet, sollte er die Schüler auffordern, den Unterschied zur ersten Fassung genauer herauszuarbeiten. Sie werden nach mehrmaligem Lesen sicher feststellen, daß die zweite Fassung manche Passagen stärker betont, ja sie geradezu hervorhebt, wie z. B. den Gegensatz durch das alleinstehende „Doch“. Außerdem stehen sinnbetonte Wörter, sogenannte Schlüsselwörter, entweder am Ende einer Zeile (wie „Herz“, „Herbstnacht“) oder am Anfang (wie „Schwer“ oder „Zauber“). Man kann also sehen, daß hier gegenüber der reinen Prosafassung, die den Text fortlaufend reiht, durch die Wortstellung Akzente gesetzt werden, die die Interpretation erleichtern können, wenn man sie erkennt. Wenn die Schüler den Unterschied begriffen haben, kann der Lehrer den Fachbegriff „rhythmische Prosa“ einführen und sagen, daß es sich dabei durchaus schon um eine Gedichtform handelt.
Jetzt erhalten die Schüler die Aufgabe, aus der zweiten Fassung ein Gedicht herzustellen, das sich reimt. Als Hilfestellung sollte man den Schülern sagen, daß die meisten der benötigten Reimwörter in dem Text schon enthalten sind und daß sie die restlichen erfinden dürfen. Außerdem dürfen sie Wörter, die sie zur Glättung des Sprechflusses benötigen, dazuerfinden. Es kommen in der Regel unterschiedliche Gedichte heraus, obwohl das Wortmaterial fast vollständig vorgegeben ist. Dies liegt daran, daß die Schüler noch kein metrisches Gefühl entwickelt haben, das sie bei der Abfolge der Wörter leiten könnte. Selbst dann, wenn die Reimwörter alle stimmen, sind bei einigen Gedichten die Verse noch

holprig und unharmonisch. Dies schadet nichts, ist für den Lehrer vielmehr ein gutes Anschauungsmaterial für die Einführung in das Metrum eines Gedichts. Dazu zeigt er den Schülern das Original von Storm, am besten in einer Overhead-Präsentation, weil er dann die metrische Linie „nachzeichnen" kann. Der Lehrer sollte einige der holprigen Gedichtfassungen danebenlegen, um die metrischen Schwachstellen zu zeigen. Metrische Fachbegriffe sollten hier noch nicht verwendet werden. Es genügt, wenn die Schüler erkennen, daß Storm für sein Gedicht nicht nur einen Reim gewählt hat, sondern auch die Wörter in den Zeilen so gesetzt hat, daß sie sich harmonisch und flüssig lesen lassen. Über rhythmische Versetzungen (z. B. bei „Ruht") muß der Lehrer hier natürlich noch hinweggehen. Es genügt völlig, wenn die Schüler erkennen, daß hier eine bestimmte Abfolge von betonten und unbetonten Silben vorliegt und daß man dies „Metrum" (Versmaß) nennt.
Einige Schüler werden automatisch ihr Gedicht strophisch gegliedert haben, während andere ein ungegliedertes Gedicht vorlegen. Der Lehrer sollte anhand dieser unterschiedlichen Fassungen die Begriffe „Strophe" und „Vers" einführen oder festigen, wenn sie den Schülern schon aus früheren Unterrichtsstunden bekannt sein sollten.

Weiterführungsmöglichkeit

Rainer Maria Rilke: „Der Panther", Georg Britting: „Raubritter"

Es ist sinnvoll, wenn die Schüler ihr neu erworbenes Wissen gleich anwenden können. Das Arbeitsblatt 3. 2 bietet ihnen dazu eine gute Übung. Das bekannte Gedicht „Der Panther" von Rilke ist leicht verändert als Prosatext abgedruckt. Ihn sollen die Schüler zu einem Gedicht umformen, das sich reimt und in Strophen gegliedert ist. In der ersten Strophe ist der Wortlaut leicht verändert bzw. um einzelne Wörter ergänzt. Hier müssen die Schüler sicher länger suchen, bis sie ein passendes Reimwort gefunden haben. Bei den beiden letzten Strophen, die im Wortlaut unverändert gelassen wurden, kommt es nur auf das richtig betonte Lesen an, um die Reimwörter zu finden, mit denen das Gedicht sich dann gliedern läßt. Bei dieser Übung dürfte es fast allen Schülern gelingen, das Originalgedicht herzustellen, da die Prosafassung sich nicht weit von ihm entfernt.
Anders sieht es bei der zweiten Übung zu Brittings Gedicht „Raubritter" aus. Hier wurden die syntaktischen Verknappungen des Gedichts in der Prosafassung wieder rückgängig gemacht und eine ausführliche beschreibende Fassung hergestellt. Die Schüler müssen sich schon mehr anstrengen, eine lyrische Fassung zu finden. Die Streubreite der Ergebnisse wird hier naturgemäß weit größer sein als beim vorigen Gedicht. Bei der gemeinsamen Auswertung, die wie beim obigen Gedicht geschehen sollte (Overhead-Projektion), wird der Lehrer vor allem auf die Stellen eingehen, wo der Dichter die Syntax so verändert hat, daß eine poetische Formung entsteht: beim nachgestellten Attribut („dem langen"), der knap-

pen Benennung nach dem Doppelpunkt („Raubtiergeschlecht"), der Aufzählung ohne Verb (Verse 9/10) und schließlich in der Interjektion „Ein Steinwurf", die durch ihre elliptische Form die Handlung passend nachahmt. Die letzte Strophe hingegen besteht aus einem weit ausladenden Satz, der zeigen will, wie unbeeinflußt von dem Geschehen die unbelebte Natur geblieben ist.

Metrum und Reim

Methodische Hinweise

Die Schüler erhalten ein Arbeitsblatt, auf dem Abzählverse und lustige Gedichte abgedruckt sind (s. A 3.4). Durch betontes Lesen (Skandieren) bekommen die Schüler ein Gespür dafür, daß den Versen bestimmte Betonungsmuster zugrundeliegen, die das Sprechen der Verse beeinflussen. Gemeinsam sollten dann, wenn man sich auf ein Muster geeinigt hat, die Betonungszeichen gesetzt werden (z. B. „ene mene muh" = x́x x́x x́).
Jeder Schüler kennt aus dem Fernsehen oder aus Zeitschriften aktuelle Werbeslogans. Diese sind oft metrisch akzentuiert, weshalb sie sich ja so flüssig und eingängig nachsprechen lassen. Wir lassen uns jetzt Werbesprüche nennen und sammeln einige davon an der Tafel. Bei der Bestimmung der Betonungsakzente wird dabei genauso verfahren wie anfänglich bei den Abzählversen.

Beispiele: Fahr lieber mit der Bundesbahn!
x x́ x x́ x x́ x x́

Pack den Tiger in den Tank!
x́ x x́ x x́ x x́

Milupa dient Mutter und Kind.
x x́ x x x́ x x x́

Wenn der Lehrer sieht, daß die Schüler das Setzen der Akzente an den richtigen Stellen beherrschen, sollte er die Namen der einzelnen metrischen Typen einführen und die übliche Schreibweise (x und Akzent) erläutern.
Mit dem unteren Teil des Arbeitsblattes werden das Reimschema eingeführt und die beiden wichtigsten Reimformen (Paarreim und Kreuzreim) an Gedichtbeispielen vorgeführt. Beide Gedichte können auch nach dem vorgegebenen Bauprinzip fortgeführt werden, so daß die Schüler gleich Gelegenheit erhalten, das Reimprinzip anzuwenden. Das zugrundeliegende Metrum sollte natürlich beibehalten werden.

Auf dem Arbeitsblatt (s. A 3.5) werden Gedichtanfänge präsentiert, an denen die unterschiedlichen Metren noch einmal vorgeführt werden können. Außerdem kann man hier zeigen, daß die metrischen Grundformen im Gedicht jeweils eigene Wirkungsakzente setzen, Stimmungen erzeugen und so in der Regel den jeweiligen Inhalt unterstreichen. Das Goethegedicht entfaltet mit seinem jambischen Versmaß eine dynamische, vorwärtsstürmende Wirkung, während die Trochäen in Kellers „Abendlied" den bedächtig-ruhigen, nachdenklichen Ton hervorheben. Der Hexameter (6füßiger Daktylus) in „Reineke Fuchs" entfaltet eine ausladend-feierliche Wirkung, während die Mischung aus Jambus und Anapäst bei George die freudige, heitere Naturstimmung betont. Im „Reiterlied" aus Schillers „Wallenstein" ist das Pferdegetrappel nicht zu überhören (Mischung aus Jambus und Anapäst). In Goethes Rokoko-Liedchen erlebt man eine andere Wirkung des Trochäus als bei Kellers „Abendlied": eine leichte, schwebende Stimmung, die dem tändelnden Liebeserlebnis angemessen scheint.
An diesem Gedicht kann der Lehrer, wenn er es auf dieser Stufe für angemessen hält, den Unterschied zwischen Metrum und Rhythmus erläutern, indem er auf die zahlreichen versetzten Betonungen verweist, die beim natürlichen Sprechen dem Metrum entgegenstehen.
Zur Festigung der eingeführten Fachbegriffe und zum Nachschlagen sollte der Lehrer eine Übersicht über die wichtigsten Fachbegriffe verteilen (Arbeitsblatt: „Arbeitsergebnisse und Definitionen" A 3.6).

Weiterführungsmöglichkeit

Johann Wolfgang von Goethe: „Auf dem See"

Ein gutes lyrisches Beispiel für die bewußte und gekonnte Verwendung des Metrums ist Goethes Gedicht „Auf dem See" aus dem Jahre 1775. Es ist entstanden, als Goethe sich auf einer Reise in die Schweiz innerlich von seiner Verlobten Lili Schönemann lösen wollte. Wie so oft versuchte Goethe auch hier, eine seelische Krise durch eine räumliche Entfernung zu überwinden. Endgültig gelang ihm die Trennung von Lili erst, als er dem Ruf des späteren Herzogs Karl August nach Weimar folgte.

Kurzinterpretation

Die achtversige Anfangsstrophe zeigt die Hinwendung zur freien Natur, die dem Dichter (wir setzen hier Dichter und lyrisches Ich in eins) Ablenkung und vielleicht auch Entscheidungshilfe in seinem seelischen Konflikt geben soll. In den Attributen „frisch", „neu" und „frei" klingt an, welchen Seelenzustand er hinter sich zu lassen und welchen er hier zu finden hofft. Die Natur erscheint ihm als

„hold und gut", an sie kann er sich in einer fast kindlichen Geste („die mich am Busen hält") tröstend und hilfesuchend wenden. Das jambische Metrum (4- und 3füßig) unterstreicht die Dynamik der Aussage, die stürmische Hinwendung zur Natur.
In der zweiten, nur vierversigen Strophe melden sich die Liebesgefühle von einst wieder zu Wort. Sie werden als ambivalent erlebt („Weg, du Traum! So gold du bist"); der Sprecher ringt noch mit seinen Gefühlen, muß sich fast gewaltsam wieder der Natur zuwenden („Hier auch Lieb und Leben ist"). Das trochäische Versmaß (mit 4 Hebungen) unterstreicht die grüblerische, in sich gekehrte Stimmung, die in dieser Strophe vorherrscht.
In der dritten Strophe, die wieder acht Verse aufweist, gelangt der Dichter zu einem inneren Gleichgewicht. Die persönlichen Gefühle und Anfechtungen werden nicht mehr erwähnt. Der Blick gilt nur dem Naturschauspiel, das Harmonie und Größe zeigt. Die überwältigenden Erscheinungen der Natur – so die Botschaft dieser Strophe – haben den Menschen mit seinen kleinen seelischen Sorgen wieder zu sich selbst finden lassen. Jetzt kann er dieses Schauspiel erst genießen und sich seiner erfreuen. Das trochäische Metrum (mit 3 Hebungen) wird an vier Stellen variiert: durch die Wörter „schwebende", „türmende", „beschattete" und „reifende" (alles Partizipien, die eine Aktivität ausdrücken) wird der Daktylus „daruntergemischt", der dem Sprechduktus etwas „Schwebendes", „Leichtes" verleiht. Man spürt förmlich die innere Erleichterung, die dem Sprecher durch das Naturerleben zu Teil wird.

Vorschlag zur Methode

Ziel der Besprechung des Gedichts sollte neben den inhaltlich-biographischen Aspekten vor allem die Identifizierung der drei unterschiedlichen Metren sein. Dazu erhalten die Schüler eine Textfassung, bei der alle Verse durcheinandergemischt sind (s. A 3.7). Sie erhalten den Arbeitsauftrag, die richtige Reihenfolge der Verse herauszufinden und das dreistrophige Gedicht zu rekonstruieren. Dabei sollen sie sich vor allem am Metrum orientieren. Die Schüler werden bei dieser Such- und Verschiebetätigkeit viel über die Stimmungen erfahren, die in den drei Gedichtteilen ausgedrückt sind. Sie erkennen dabei auf spielerische Weise, daß zum Ausdruck dieser Gefühle auch das jeweilige Metrum beiträgt. Bei der Besprechung des Originals (s. A 3.11) wird der Lehrer das Ineinander von Gehalt und Form noch einmal unterstreichen und auch die nötigen biographischen Informationen zum Verständnis des Gedichts beisteuern.

Bild, Vergleich, Metapher

Methodische Hinweise

Bildliche Redeweise kommt in allen Formen des Schreibens und Sprechens vor. Es ist ein wesentliches Kennzeichen poetischer Sprache. Im Gedicht hat bildhaftes Sprechen eine besondere Bedeutung, weil es sehr gut dafür geeignet ist, die sprachliche „Verdichtung", die dieser Gattung eigen ist, zu gestalten. Im alltäglichen Sprechen ist vieles, was wir sagen, nicht mehr wörtlich gemeint; allerdings ist uns hier das Bildliche oder Übertragene oft nicht mehr bewußt, weil sich die Metaphern zu alltäglichen Wendungen abgeschliffen haben (z. B. „Stuhlbein", „Gedankenblitz"). Auch viele Redensarten bedienen sich der uneigentlichen Redeweise (z. B. „die Ohren spitzen" oder „lange Finger machen"). Die Metapher ist die wichtigste der uneigentlichen Sprachformen. Sie überträgt einen bestimmten Begriff in einen ursprünglich fremden Bedeutungsbereich (z. B. „Der Strom des Lebens"). Oft wird die Metapher auch als verkürzter Vergleich bezeichnet, weil hier das Vergleichswort fehlt („Lampenfuß" – abgeleitet vom Vergleich: „Der untere Teil der Lampe sieht aus wie ein Fuß"). An diesem Unterscheidungsmerkmal sind Metapher und Vergleich gut zu erkennen.

Als Bilder bezeichnet man die Gesamtheit aller bildlichen Ausdrucksweisen.

Als Einstieg sollte der Lehrer ein Beispiel aus den zahlreichen metaphorischen Redensarten wählen und daran den Begriff des bildhaften, übertragenen Sprechens erklären:

„auf des Messers Schneide" oder „den Bogen nicht überspannen".

Danach sollen die Schüler selber weitere Beispiele dieser Art finden und eine Liste metaphorischer Redensarten zusammenstellen.

In einer spielfreudigen Klasse kann man denselben Einstieg in Form eines Spieles machen, das die meisten Schüler vom Fernsehen her kennen. In der Sendung „Montagsmaler" malt ein Mitspieler einen Begriff in Form eines Bildes an die Tafel. Im Rateteam muß dieser Begriff gefunden werden. Wer dabei erfolgreich ist, darf selber den nächsten Begriff malen. Wenn man das Spiel auf Sprichwörter und Redensarten eingrenzt (Beispiel: „Morgenstund hat Gold im Mund"), kommt man automatisch zu metaphorischen Wendungen und ihren Verbildlichungen.

Als nächsten Schritt sollen die Schüler Metaphern und Vergleiche in Gedichten erkennen und ihre poetische Funktion deuten. Zwei Gedichte sind dafür besonders gut geeignet: *Fröhlicher Regen* von Georg Britting und *Der März* von Erich Kästner.

Sie sind auf den Arbeitsblättern A 3.8 und A 3.9 abgedruckt. Die Schüler sollen mit unterschiedlichen Farben die Vergleiche und Metaphern anstreichen und am Rande des Gedichts eine mögliche Deutung des bildhaften Ausdrucks vermer-

ken (z. B. bei „singt eine Silberuhr“: leises Klingen der Regentropfen in den Blättern, dazu silberfarbiger Glanz). Wenn das Ganze übersichtlich gestaltet werden soll, können die bildhaften Ausdrücke auch in Form einer zweispaltigen Tabelle aufgelistet werden.
In beiden Gedichten kommt die Personifizierung vor. Dies ist eine Sonderform der Metapher, bei der Gegenständen oder Naturerscheinungen menschliche Eigenschaften oder Tätigkeiten zugeschrieben werden. Sie werden quasi vermenschlicht. Durch diese Stilmittel erreicht man oft einen hohen Anschauungsgrad (z. B. „die Sonne lacht“ oder „Glück und Unglück gehen Hand in Hand“). Dieses wichtige Stilmittel sollte anhand der in den Gedichten vorfindbaren Beispiele eingeführt werden.

Weiterführungsmöglichkeit

Christian Hofmann von Hofmannswaldau: „Die Welt“

Ein weiteres Beispiel für ein metaphernreiches Gedicht ist Hofmann von Hofmannswaldaus Gedicht „Die Welt“. Es soll den Schülern mit einer neuen methodischen Variante vorgestellt werden. Die Metaphern im ersten Teil der Verse 4 bis 9 sind auf dem Arbeitsblatt A 3.10 ausgespart. Sie sollen von den Schülern ergänzt werden. Damit sie diese Aufgabe meistern, muß zuerst das restliche Gedicht besprochen werden. Dabei sollte besonders auf den antithetischen Bau der Verse mit den Auslassungen hingewiesen werden.

Kurzinterpretation

Auffällig an diesem Gedicht ist sein innerer Aufbau. Nach einer Doppelfrage zu Beginn kommen sieben unterschiedliche Antworten. Der Schluß besteht aus einem Aufruf an die menschliche Seele, der dreimal variiert wird und mit einem Ausblick auf das Seelenheil des Menschen endet. Die Fragen zu Beginn zielen auf den Kern der Aussage: Der Mensch soll die Scheinhaftigkeit der Welt erkennen und sich von ihr lösen. Die folgenden Verse, die auf dem für die Schüler bestimmten Arbeitsblatt die Auslassungen enthalten, malen beispielhaft den Widerspruch zwischen wahrem Sein (dem schlechten Zustand der Welt) und dem äußerlichen Schein (der vorgetäuschten heilen Welt) aus. In der zweiten Hälfte des Gedichts wird die Abhängigkeit des Menschen von dieser Scheinwelt beklagt. Es ist eine körperliche, lustbetonte Verfallenheit („das Fleisch für einen Abgott hält“ / „Lust für eine schwere Last“). Der Sprecher wendet sich dann emphatisch an die Seele des Menschen, sich den letzten, ewigen Dingen – also Gott – zuzuwenden und den irdischen Gelüsten zu entsagen. Das Gedicht ist ein Beispiel für im Barock häufig verbreitete „Memento – mori – Dichtung“.

Wenn die Schüler die Aussage des Gedichts und die antithetische Struktur im ersten Teil erkannt haben, dürften ihrer Eigenarbeit keine größeren Hindernisse entgegenstehen. Bei diesem Beispiel werden die Schüler die Originalwendungen mit Sicherheit nicht finden. Darauf kommt es auch gar nicht an. Wichtig ist, daß sie lernen, metaphorisch zu denken, und daß sie ihre bildhaften Wendungen auf die antithetische Wirkung im Vers hin überprüfen. Die Besprechung des Originalgedichts schließt sich an.
Um zu überprüfen, ob die Schüler die „uneigentlichen" Formulierungen verstanden haben, könnte man ihnen den zusätzlichen Arbeitsauftrag geben (s. A 3.11). Sie sollen die „eigentliche" Redeweise, also die Absicht des Dichters, herausfinden. Diese Aufgabe schließt die Einheit „Bild, Vergleiche, Metapher" ab.

Das vollkommene Gedicht
Gedichte mit formalen Besonderheiten

Didaktische Begründung

Die Schüler haben in dem Einführungslehrgang die Grundbegriffe der Lyrik kennengelernt und durch eigene Übungen vertieft. Bei der jetzt folgenden dreiteiligen Einheit geht es darum, dieses Grundwissen anzuwenden und in einer Gesamtinterpretation zur Geltung zu bringen. Die Gedichte sind so ausgewählt, daß sie durch formale Besonderheiten auffallen. Eduard Mörikes bekanntes Gedicht „Um Mitternacht" ist durchgehend metaphorisch gestaltet; die „Nacht" und die „Quellen" werden personifiziert und als zwei Pole eines Naturganzen gegenübergestellt. Conrad Ferdinand Meyers Gedicht „Der römische Brunnen" ist das Endprodukt eines mehrphasigen Schaffensvorgangs, der zu immer stärkerer Verdichtung der Aussage und letztlich zum stimmigen Ineinander von Form und Gehalt führt. Ingeborg Bachmanns Gedicht „Reklame" ist ein Collagegedicht, das zwei Subtexte miteinander mischt und im Frage-Antwort-Verfahren miteinander kontrastiert.
Alle drei Gedichte sind nicht leicht zu verstehen. Es ist ratsam, sie mit den Schülern erst zu besprechen, wenn der Lehrer das Gefühl gewonnen hat, daß die Klasse gelernt hat, mit Lyrik umzugehen, wenn sie die Entschlüsselung inhaltlicher und formaler Phänomene im Gedicht beherrscht. Die 9. oder 10. Klasse dürfte hierfür die richtige Lernstufe sein.

Die Personifizierung im Gedicht

Eduard Mörike: „Um Mitternacht“

Interpretationsskizze

Das Gedicht gestaltet in poetischer Bildhaftigkeit den Schwebezustand zwischen Nacht und Tag, der um Mitternacht spürbar wird. Das Naturbild wird durch zwei Personifizierungen „ausgemalt“: Die Nacht tritt als Gestalt vom Meer ans Land und lehnt sich an die Berge, d. h. hüllt sie mit ihrem dunklen Schleier ein. Die Quellen singen – in einer weiteren Personifizierung – der Nacht, ihrer Mutter, die Melodie des vergangenen Tages ins Ohr. Sie sind die Repräsentanten des Lebendigen in der Natur; sie gehören beiden Sphären an: der Nacht und dem Tag. Sie entspringen zwar der Nacht („Mutter“!), kennen jedoch die Erscheinungen des umtriebigen Tages, von dem sie der Nacht erzählen. Die beiden Personifizierungen entsprechen zwei Polen im Gedicht, die unterschiedliche Welterfahrungen verkörpern. Die Nacht steht für den Moment des Stillstands der Zeit, der im Gedicht mit zwei Bildern ausgedrückt wird („goldne Waage nun / Der Zeit in gleichen Schalen ruhn“ und „Der flüchtigen Stunden gleichgeschwungnes Joch“). Die Quellen hingegen verkörpern das ständige wache Leben, das beständige Vergehen der Zeit („Und kecker rauschen die Quellen hervor“). Die Grunderfahrungen der Lebendigkeit und Vergänglichkeit stehen also der Erfahrung des schwebenden Stillstands der Zeit zwischen Abend und Morgen gegenüber. Die Mitternacht ist der kurze Moment der Zeitlosigkeit, in dem der stete Fluß der Zeit aufgehoben scheint.

Das lyrische Ich tritt in diesem Gedicht vollkommen zurück. Das geschaute Bild ist nicht Ausdruck einer momentanen Stimmung eines Menschen, sondern eher das in ein Bild gekleidete philosophische Bewußtsein. „Das Bewußtsein des Ich ist es, das sich in den Naturgestalten vergegenständlicht und dennoch es selbst bleibt.“ (Renate von Heydebrand: Eduard Mörikes Gedichtwerk. Stuttgart (Metzler) 1972, S. 26–30. Eine weitere Deutung des Gedichts findet sich in Heinz Politzer: „Mutter Nacht“. In: Frankfurter Anthologie, Bd. 2, Frankfurt/M. (Insel) 1977, S. 62–64.) Das Gedicht schafft es – das macht seine Vollkommenheit aus –, die philosophische Botschaft nicht nur im Bilde anschaulich zu machen (Mutter = Nacht; Quellen = Kinder der Nacht), sondern auch in der rhythmischen Gestalt und sogar im Lautsystem nachzubilden. Die Strophen beginnen mit zwei Versen mit 4füßigen Jamben, die sich im nächsten Reimpaar (das Reimschema ist der Paarreim) um eine Hebung erweitern, was das Ruhig-Ausladende des Tons verstärkt. Die eingerückten Verse sind daktylisch geprägt (vierhebig), wodurch eine rhythmisch-lockere Bewegung entsteht. Der noch weiter eingerückte Kurzvers mit nur einer Hebung, aber klingender Kadenz („Vom Tage“) bildet eine Art Ritardando, einen verzögernden Abschluß, der durch den identischen Reim („Tage“ / „Tage“) noch verstärkt wird.

Der Vokalismus ist im Gedicht deutlich ausgeprägt. Die Sphäre der Nacht wird mit dunklen Vokalen (a/o) untermalt, die bewegtere Sphäre der Quellen mit den helleren Vokalen e und i. In den beiden Schlußversen der Strophen erscheinen die beiden Lautarten gemischt (e und a).

Methodische Hinweise

Das herkömmliche fragend-entwickelnde Unterrichtsverfahren hat gerade bei diesem Gedicht schon oft seine Unzulänglichkeit erwiesen. Zu hermetisch sind die Metaphern gestaltet, als daß sich ihr Gehalt 15jährigen Schülern sofort mitteilte. Die übliche Lehrerfrage, was der Dichter wohl damit sagen wollte, dokumentiert eher die Hilflosigkeit des Verfahrens, als daß sie zu einer Sensibilisierung des Sprachbetrachtens bei den Schülern führte. Hier soll deshalb ein gänzlich anderer Weg vorgeschlagen werden, den des collagierenden Nachgestaltens. Visuelle Gestaltungen sind Verfahrensweisen des Kunstunterrichts. Sie haben jedoch Eingang in das Repertoire des produktionsorientierten Deutschunterrichts gefunden und dort durchaus ihre Berechtigung. Ziel dieses Umweges über die Verbildlichung bleibt immer die Interpretation des Gedichts; sie wird erleichtert, wenn die kognitive Wahrnehmung noch um eine sinnlich-visuelle und gestalterische Dimension erweitert wird.

Die Schüler erhalten den Arbeitsauftrag, das Gedicht in eine Bildcollage zu „übersetzen". Sie sollen sich dabei an den einzelnen Bildern des Gedichts orientieren und sie mit Hilfe ausgeschnittener und eventuell dazugezeichneter oder gemalter Figuren und Gegenstände bildlich darstellen. Der Lehrer sollte die Schüler einige Stunden vorher bitten, Illustrierte und Zeitschriften zu sammeln, die für eine Collagearbeit gebraucht würden. Die restlichen Materialien sind die üblichen des Kunstunterrichts: Malkasten (Deckfarben oder Aquarell), Stifte, Schere und Klebstoff.

Die Schüler werden bei der Arbeit auf eine Schwierigkeit aufmerksam. Wie soll der Gesang der Quellen bildlich dargestellt werden („Sie singen der Mutter ... ins Ohr")? Hier können sie Anleihen aus dem Comicverfahren machen und Sprechblasen erfinden.

Für die Arbeit muß man, wenn sie sorgfältig ausgeführt werden soll, mindestens zwei bis drei Unterrichtsstunden einplanen. Möglich ist auch, daß die Schüler die Collage nach einer gemeinsamen Planungsstunde dann zu Hause fertigstellen. Der Nachteil dabei ist, daß sie dann ihre Zeitschriften nicht austauschen können, sich also für jeden Schüler der Fundus an Bildmaterial verkleinert.

Die Bilder sollen mindestens DIN A 3-Format haben, da sie zur Besprechung an der Tafel oder einer Pin-Wand aufgehängt werden und von allen Schülern auch im Detail zu sehen sein sollen. Die Besprechung konzentriert sich natürlich auf die jeweilige Bildsprache, die gewählt wurde, um die Personifizierungen des Gedichts zu gestalten. Eine weitere Frage ist, ob in der Collage eine Gesamtaussa-

ge, eine Art Botschaft, zu erkennen ist. Dabei wendet sich die Aufmerksamkeit wieder dem Gedicht zu, das auf eine schlüssige Aussage hin befragt wird.
Der letzte Teil der Besprechung gilt den formalen Besonderheiten im Bereich der Metrik und der Vokalbildung.
Es versteht sich von selbst, daß die Collagen einem größeren Schulpublikum in Form einer kleinen Ausstellung zugänglich gemacht werden sollten. Dazu ist es nützlich, das Gedicht und die Aufgabenstellung in vergrößerter Form als Blickfang an den Anfang zu stellen, damit die Zuschauer im Kontrast sehen können, wie die Schüler Sprache in Bilder „übersetzt" haben.

Die sprachliche Verknappung im Gedicht

Conrad Ferdinand Meyer: „Der römische Brunnen"

Interpretationsskizze

Das Gedicht wurde nicht nur wegen seiner Formvollendung berühmt, sondern auch deshalb, weil die Vorläufer des „Endprodukts" erhalten sind und man deshalb seinen sich über 22 Jahre hinziehenden Entstehungsprozeß nachvollziehen kann. Dieser lyrische Schaffensvorgang ist ein Prozeß der sprachlichen Verdichtung, der Konzentration auf das Wesentliche. Mit den unterschiedlichen Fassungen läßt sich im Unterricht trefflich operieren. Wenn die Schüler die Reihenfolge ihrer Entstehung nicht kennen, müssen sie sich beim Erraten der Chronologie allein auf ihr Stilgefühl verlassen, müssen die qualitativen Veränderungen hin zum vollkommenen Endprodukt erkennen. (Eine differenzierte, vergleichende Analyse der wichtigsten Gedichtfassungen findet sich in: Gert Rickheit: Zur Genese eines Gedichtes. C. F. Meyer: Der römische Brunnen. In: Menzel/Binneberg: Modelle für den Literaturunterricht. Braunschweig, Westermann 1970, S. 95 ff.) Von einer weiteren methodischen Variante soll erst später die Rede sein.
Für die Entstehung des Gedichts „Der römische Brunnen" werden in der Literatur in der Regel zwei Quellen angegeben. Zum einen das Antikeerlebnis Meyers (er reiste 1858 mit seiner Schwester Betsy nach Rom, Florenz und Siena) und zum anderen das Brunnenbild der Mystikerin Madame Guyon, das der Dichter betrachtet haben muß. In mehreren Schaffensstufen hat Meyer das Bild des Brunnens gestaltet und letztlich in eine gültige, inhaltlich und formal stimmige Fassung gebracht. Die früher noch vorhandene Schilderung der Umgebung wird in den späteren Fassungen weggelassen, der Brunnen wird isoliert als Ding an sich und in seinem symbolischen Gehalt wiedergegeben. Das Bild gliedert sich in zwei Bereiche: in die Schilderung der Struktur des Brunnens (drei Schalen) und in den Weg, den das Wasser nimmt, wobei der Bau des Brunnens aus dem Weg des Wassers erschließbar ist.

Auffällig ist bei der Schlußfassung die Heraushebung der Verben. In den neun Zeilen kommen zwölf Verben vor (darunter ein Hilfsverb), teilweise in exponierter Stellung innerhalb des Verses. So z. B. am Anfang und am Schluß des Eingangsverses („Aufsteigt ... gießt"), davon drei Partizipien (zwei davon als Adjektiv-Attribut, das dritte satzwertig), die die Bewegung des Wassers als ständig gegenwärtig erscheinen lassen. Die Verben stehen sich überwiegend als Gegensatzpaare gegenüber („Aufsteigt" / „fallend gießt"; „nimmt" / „gibt"; „strömt" / „ruht"), wodurch das stete Ineinander von Geben und Nehmen, von Ruhe und Bewegung ausgedrückt wird. Auffällig an den Verben ist zudem, daß sie Bestandteile von Metaphern – genauer: Personifizierungen – sind („gießt", „gibt", „nimmt", „ruht"). Dadurch wird das Bild, ohne daß es direkt ausgesprochen würde, zum Lebensvorgang symbolisiert. Das Leben des Menschen, so will uns das Gedicht in seinem Brunnenbild sagen, ist ein ewiges Auf und Ab, Werden und Vergehen, Geben und Nehmen.
Die Bewegung des Wassers im Brunnen wird auch in der metrisch-rhythmischen Gestalt nachempfunden. Die vierhebigen Jamben mit durchweg männlichen Endungen bewirken ein gleichmäßiges Schreiten, eine gemessene Bewegung von Vers zu Vers. Eine Abweichung im Metrum gibt es nur im letzten Vers, der nur noch zwei Hebungen enthält. Das Fallen des Wassers findet hier seine letzte Stufe und zugleich die allegorische Verallgemeinerung („und strömt und ruht"). Die Verkürzung wirkt als Abrundung und Abschluß.
Rhythmische Verschiebungen der Betonungen finden sich in den Versen eins und drei. Besonders wirkungsvoll ist die Betonungsverschiebung in Vers eins. Durch den Anfangsakzent auf der ersten Silbe von „Aufsteigt" und durch die kurze Zäsur nach „Strahl" entsteht eine Aufwärtsbewegung der Betonung, die danach wieder abfällt. Die Bewegung des Wassers wird rhythmisch nachgestaltet.

Methodische Hinweise

Bei der ersten Variante des Vorgehens sollen die Schüler aus dem „Angebot" von vier Fassungen die Endfassung des Gedichts herausfinden. Auf dem Arbeitsblatt 3.13 sind folgende Fassungen abgedruckt:

1. Fassung (1860): Rom: Springquell
4. Fassung (1864 oder 1865): Der Brunnen
6. Fassung (1870): Der schöne Brunnen
7. Fassung (1882): Der römische Brunnen

Die Fassungen sind auf dem Arbeitsblatt in folgender Reihenfolge abgedruckt: 6 – 1 – 7 – 4. Die vom Dichter jeweils gewählten Titel sind dabei weggelassen worden.
Der Lehrer gibt, wenn er den Bogen austeilt und den Arbeitsauftrag erklärt, nur

den Hinweis, daß die letzte Fassung die vollkommene ist, die den Gegenstand sprachlich und formal am adäquatesten wiedergibt. Von Verknappung und Verdichtung der Aussage sollte er hier noch nicht reden, weil sonst der Blick der Schüler automatisch auf das kürzeste Gedicht fällt. Die Schüler müssen durch vergleichendes Lesen und Analysieren die sprachliche Verdichtung der Endfassung erkennen, die sie den anderen – selbst der schon sehr ähnlichen vorletzten Fassung – so überlegen macht. Am ehesten werden sie die zweistrophige Fassung „verwerfen", weil hier offensichtlich zu ausschweifend („römischer Garten" / „Mittagssonne" / „Laubesnacht") „erzählt" und dadurch vom Gegenstand selber „abgelenkt" wird.

Die beiden anderen Fassungen sind schon schwerer zu kritisieren. Bei der ersten von 1860 („Der Springquell") ist zwar schon die Aufwärtsbewegung des Wasserstrahls nachempfunden („Es steigt der Quelle ..."), der Paarreim jedoch wirkt leiernd und dem Gegenstand nicht recht angemessen. Die Unterschiede zwischen den beiden letzten Fassungen sind für Schüler relativ schwer erkennbar. Einige der Verse werden nämlich in der Endfassung wortgleich übernommen. Die Hauptunterschiede betreffen das metrisch-rhythmische Nachempfinden der Wasserbewegung (erste und letzte Gedichtzeile).

Um die Auswertung der Rateergebnisse möglichst fruchtbar zu gestalten, sollte der Lehrer die Schüler bitten, die Gedichte in „ihrer" Reihenfolge aufzukleben. Von dem Bogen sollte dann eine Overheadfolie gezogen werden, die es ermöglicht, an der Wand die von den Schülern gewählte Reihenfolge nachzuvollziehen. Jeder Schüler sollte „seine Fassung" erläutern und begründen. Erst zum Schluß, wenn mehrere Varianten vorgestellt worden sind, gibt der Lehrer die richtige Reihenfolge in die Klasse, die dann wieder mittels einer Wandprojektion gedeutet wird. Ein besonderer Schwerpunkt sollte dabei naturgemäß auf der detaillierten Analyse der letzten Fassung liegen.

Die zweite methodische Variante ist von gänzlich anderer Art. Hier erhalten die Schüler nur die letzte Fassung des Gedichts als Arbeitsgrundlage, allerdings unter Weglassung aller Verben und Partizipien. Damit fehlt die das Gedicht tragende Wortart. Orientierungspunkte für das Finden der passenden Wörter sind neben dem stimmigen Inhalt nur Metrum und Reim. Um den Schülern einen visuellen Eindruck von einem solchen Brunnen zu vermitteln, sollte der Lehrer das auf dem Arbeitsblatt ... wiedergebene Abbild austeilen. Die Schüler machen sich alleine, in Partnerarbeit oder in kleinen Gruppen (die in der Klasse eingeübte Sozialform sollte gewählt werden) an die Sucharbeit.

Die Ergebnisse sollten so ausgewertet werden, daß die Schülerfassungen per Folie an die Wand projiziert und dann besprochen werden. Es werden sicherlich unterschiedliche Fassungen dabei herauskommen, die sich dann gut vergleichen lassen. Ein Richtig oder Falsch gibt es bei einer solchen Ergänzungsaufgabe nur bei groben Verstößen gegen metrische Regeln oder gegen das vorgegebene Reimschema. Rein inhaltlich lassen sich bestimmt verschiedene Varianten finden, die mehr oder weniger gut passen. Deshalb sollte die Auswertung durch den Lehrer so erfolgen, daß das Stilgefühl der Schüler gefördert wird.

Das Montageverfahren im Gedicht

Ingeborg Bachmann: „Reklame"

Interpretationsskizze

Das Bauprinzip des 1956 veröffentlichten Gedichts Reklame ist die montageähnliche Verschränkung zweier Textarten, die für unterschiedliche Daseinsformen des Menschen stehen. Auch wenn im Schaffensprozeß das Gedicht nicht aus der Kombination zweier selbständiger Gedichte entstanden ist, so ist es doch bei der Interpretation im Unterricht ein reizvolles Unterfangen, die im Schriftbild von der Autorin unterschiedlich gesetzten Teile (normal und kursiv) als selbständige Teile zu begreifen und zu analysieren. Auf diesem Wege kann die Bedeutung klarer erkannt werden, die der eine Teil für den jeweils anderen besitzt. Bei dem hier präsentierten methodischen Zugriff sollen unterschiedliche Varianten vorgestellt werden, die alle mit der Zweiteilung des Gedichts „spielen" und den Schülern viel Raum für kreative Eigentätigkeit geben.
Bei dem normal gedruckten Text handelt es sich um vier parallel geordnete Fragen. Es sind ganze Sätze, die zweimal auch in Form eines Haupt-Nebensatz-Gefüges auftreten. Es sind ernsthafte, ja bohrende Fragen, die ein kollektives Subjekt („wir") an eine unbekannte Instanz stellt. Die letzte Frage wird ins Unpersönliche abgewandelt: „Was aber geschieht ...". Die Fragen beziehen sich auf existentielle Notsituationen des Menschen: Dunkelheit, Kälte, Tod und angstvolle Ereignisse allgemein („Schauer aller Jahre"). Zwischen die Zeilen dieser drängenden Fragen schiebt sich der andere Text, der offensichtlich aus Werbeslogans besteht, die zumeist als Satzfragmente erscheinen. Den einzigen vollständigen Satz bildet der dreimal verwendete Imperativ: „sei ohne sorge". Da die Textpartikel der Werbezeilen nicht durch Interpunktion voneinander getrennt sind, gleichen sie einer durchlaufenden Werbeschrift, wie sie an Häuserfassaden der Großstädte mitunter zu sehen ist. Obwohl jede der Fragen (mit Ausnahme der letzten) mit einem Werbespruch „beantwortet" wird, findet eine wirkliche Antwort auf die gestellten Fragen nicht statt. Ein Dialog zwischen den Fragenden („wir") und der antwortenden Instanz kommt nicht zustande, weil die Antwortpartikel der Reklamesprache zusammenhanglos sind und nur sloganhafte Scheinantworten liefern. Den Scheincharakter der „Antworten" kann man schon daran erkennen, daß sie den Fragenden ständig „ins Wort fallen", d. h. die Vollendung der Frage gar nicht abwarten, sondern vielmehr den Fragern die suggestiven und gestanzten Formeln der Werbesprache einflüstern. Die Werbesprüche wollen Optimismus erzeugen, sie kommen einlullend und durch die Wiederholung einschläfernd daher. Aus dem Einerlei der Formeln sticht ein Wort hervor: Traumwäscherei. Es meint das Reich der Werbung, in dem sogar die Träume von ihrer Widerborstigkeit und von utopischen Resten – dem Wunsch nach einem sicheren

und erfüllten Leben – „gereinigt" werden. Also nicht Traumfabrik á la Hollywood, sondern Traumkosmetik.
Eine weitere Besonderheit fällt ins Auge. In der dritten Frage („Wohin tragen wir ...?") gibt es einen weit ausladenden Vers (15). Ihm schließt sich innerhalb des Reklametextes ein ebenso langer Vers an, als wollte die Werbung der bohrenden Frage an Textmenge nicht nachstehen. Gleich darauf werden die Verse wieder sehr kurz, ja sie scheinen zum Ende hin richtig zu „versiegen". Die letzte Frage – die nach dem Tod – wird nur noch zögernd gestellt. Sie findet keine Entgegnung. Angesichts des Todes scheint kein Werbespruch mehr möglich. Die Reklame, die auf die diesseitige Welt abgestellt ist, muß vor den letzten Dingen unserer Existenz versagen.
Das Gedicht entlarvt die Hohlheit der Werbeversprechungen und übt indirekt Kritik an einer Werbescheinwelt, die auf die drängenden Fragen der Zeit und die Existenzprobleme des Menschen keine substantiellen Antworten weiß. Begreift man das Gedicht von der Entstehungszeit her, so wird deutlich, daß Ingeborg Bachmann sich hier kritisch mit der Werbegläubigkeit der Wirtschaftswunderzeit auseinandersetzt. Sie beklagt, daß die Menschen ihre Sehnsucht an die vordergründigen Verlockungen einer materiellen Welt hängen, während doch schon wieder neue Gefahren – Wiederbewaffnung, Kalter Krieg, Atombombe – das Leben des Menschen auf der Erde bedrohen.

Methodische Hinweise

Ausgehend von der Grundüberlegung, das Gedicht Reklame nach den vorgegebenen Druckarten in zwei Gedichte aufzulösen und den Schülern beide Teile getrennt in die Hand zu geben, gibt es mehrere methodische Varianten. Der Lehrer mag selber entscheiden, welche der Vorgehensweisen er für die zeizvollste hält. Es gibt dafür kein objektives Kriterium. Alle erfüllen mehr oder weniger den Anspruch, die Eigentätigkeit der Schüler zu provozieren und sich über diesen sprachschöpferischen Prozeß dem Gehalt des Gedichts zu nähern.

a) Zwei Gedichte

Die Schüler erhalten einen Bogen, auf dem die beiden Texte als getrennte Gedichte abgedruckt sind (s. A 3.15). Die Gedichttitel sind aus dem ersten Vers des jeweiligen Textteils entnommen. Die Gedichte werden nacheinander in konventioneller Weise besprochen. Der Lehrer sollte dabei nichts verraten, sondern abwarten, ob die Schüler von sich aus irgendeine Beziehung zwischen den beiden „Gedichten" entdecken, indem sie den Fragencharakter des einen zu dem Antwortcharakter des anderen „Gedichts" in Beziehung setzen. Genau hinschauende Schüler entdecken vielleicht sogar die Bruchstellen, wo die beiden Texte verhakt sind (das „aber" im zweiten Gedicht postuliert z. B. ein Vorhergegangenes). Die Reihenfolge der Gedichte wurde absichtlich so gewählt, daß das fragende nach dem antwortenden steht, weil sonst die Auflösung für die Schüler zu leicht wäre.

b) Antwortgedicht: Ernsthafte Antworten finden

Die Schüler erhalten nur den fragenden Text („Wohin aber gehen wir ...“). Nach einer vorläufigen Deutung (es geht darum, daß hier Fragen auf existentielle Nöte des Menschen gestellt werden) bekommen die Schüler die Aufgabe, ein Antwortgedicht zu schreiben, das die Fragen des kollektiven Ichs ernsthaft beantwortet. Zur Hilfestellung kann der Lehrer angeben, daß solche Antworten von der Regierung, den Kirchen, der Philosophie usw. kommen könnten. Sie können sich dann eine der Instanzen aussuchen oder sie auch vermischen. Danach erst erhalten sie das komplette Gedicht und erkennen dessen Bauprinzip.

c) Fragegedicht: Lebensfragen stellen

Das umgekehrte Verfahren besteht darin, den Schülern nur das antwortende „Gedicht“ („Ohne Sorge ...“) zu geben und sie das fragende erfinden zu lassen. Dabei müssen sie sich die Probleme derer vorstellen und aufschreiben, für die die Tröstungen der Werbung gedacht sind. Daß dabei ein Text mit einem relativ konkreten Problemkatalog entsteht, der die Universalität und Existentialität des Bachmannschen Textes nicht besitzt, versteht sich bei Schülern – zumal in unserer heutigen Wohlstandswelt – von selber. Auch hier wird die Verblüffung groß sein, wenn die Schüler sehen, welche tiefgründigen Fragen mit den oberflächlichen Sprüchen der Reklame beantwortet werden.

d) Lückentext: Werbeslogans finden

Die Schüler erhalten eine Fassung des Gedichts, bei der die Antworten auf die Fragen ausgespart sind (s. A 3.16). Die Schüler sollen die Lücken ausfüllen. Daß es Werbeslogans sind, ist nur aus der Überschrift „Reklame“ zu erschließen. Wenn die Schüler versuchen, ernsthafte Antworten zu geben, sollte sie der Lehrer deshalb auf die Überschrift aufmerksam machen. Einige werden sich natürlich daran stoßen, daß die Antworten syntaktisch nicht genau zu den Fragen passen, sondern in die Fragesätze hineingeschoben werden sollen, wie die Auslassungen es verlangen. Sie werden in der Regel auch eher dazu neigen, ganze Sätze als Antworten zu geben. Um so verblüffter werden sie anschließend sein, wenn sie im Original des Gedichts sehen, daß es sich um einen fortlaufenden Fließtext von zusammenhanglosen Versatzstücken handelt, der auf die Syntax der Fragen keine Rücksicht nimmt. Warum die Dichterin diese Art von Reklame gewählt hat, wird ihnen dann sehr schnell einleuchten.

Gleichgültig, für welche der Varianten sich der Lehrer entscheidet – die anschließende Deutung des Bachmannschen Originals wird relativ leicht vonstatten gehen. Die Schüler werden aufgrund ihrer Vorarbeit schnell erkennen, wie nahtlos und sinnig die beiden Teile, die sie als autonome Gebilde zu lesen gelernt haben, im Originalgedicht zusammenpassen. Sie erkennen dann die hypnotische und aggressive Dimension der Werbesprache, wenn sie die Simultanität der Teile im ganzen Gefüge des Gedichts durchschaut haben. Sie sehen dann, daß das poetische Ganze eben mehr ist als die Summe der beiden Teile.

Weiterführungsmöglichkeit

Gerade bei diesem Gedicht, das man methodisch so vielfältig erschließen kann, gibt es gute Möglichkeiten, vertiefend weiterzuarbeiten. Ein Verfahren wäre dabei die Inszenierung des Gedichts. Die einfachste Stufe ist das Lesen mit verteilten Rollen, bei dem die unterschiedlichen Textteile mittels unterschiedlicher Betonung (ernsthaftes Fragen, einlullendes Antworten) voneinander abgehoben werden müßten. Ein etwas komplizierteres Verfahren ist eine Tonbandaufzeichnung, bei der Hörspieleffekte eingebaut werden (Untermalen der Fragen mit lautmalerischen Geräuschen; Sprache der Werbespots; Unterlegung mit Musik). Denkbar wäre außerdem ein Ansatz wie beim Mörikegedicht: eine Collage mit aktuellem Werbematerial, mit Slogans aus der heutigen Zeit als Antworten auf heutige Probleme.

Aufsatzthemen

Didaktische Begründung

Die Sequenz „Hinführung zum Gedicht“ sollte mit einem Aufsatz abgeschlossen werden, in dem die Schüler zeigen sollen, daß sie die wichtigsten Formelemente der Lyrik beherrschen und ihr Wissen auf ihnen fremde Texte anwenden können. Versuchen, auch bei Leistungsüberprüfungen das produktionsorientierte Verfahren anzuwenden, begegnen die Kritiker dieses methodischen Zugangs mit besonderer Skepsis. Zu sehr ist ihre Vorstellung eines Aufsatzes im Literaturunterricht noch vom klassischen Interpretationsaufsatz geprägt, bei dem der Schüler sich einfühlend dem Gegenstand annähert und ihn dann mit dem Instrumentarium der Textanalyse „seziert“. Der Text selber gilt dabei als sakrosankt, als formvollendetes, aber letztlich passives Gebilde, an dem sich die Analyse „abarbeitet“, ohne es zu verändern. Die produktionsorientierte Methode hingegen sucht immer nach Ansatzpunkten, die eine kreative Auseinandersetzung mit dem Text

erlauben. Dabei sind andere Schreibformen als die analytische Interpretation möglich, ja oft erwünscht: Briefformen, die eine subjektive Aneignung des Textes ermöglichen; die Übertragung in andere Textsorten (szenische Form, Hörspiel, Bericht etc.); mögliche Fortsetzungen, andere Schlüsse schreiben usw.
Wenn man bei Aufsatzthemen die sogenannte textrestaurierenden Verfahrensweisen anwendet, muß man einige Besonderheiten beachten. Einen veränderten Text wieder zu rekonstruieren, reicht in der Regel als Aufsatzthema nicht aus. Ein solcher Auftrag bildet eher die nützliche Vorstufe für die eigentliche Aufgabe. Sie ist nicht überflüssig, weil sie die intensive Auseinandersetzung mit dem Text anregt, ja verlangt, die die anschließende Deutung des Textes erleichtert. Bei restaurierenden Aufgaben sollte der Schwierigkeitsgrad nicht zu hoch sein, weil sonst das Originalgedicht nicht erstellt werden kann, das ja der Deutung zugrunde liegen soll. Aber selbst wenn die originalgetreue Rekonstruktion einem Schüler nicht gelingt, kann bei der Deutung „seines" Gedichtes Erhellendes herauskommen. Sein formales Wissen zeigen kann er dabei allemal.
In der Folge sind drei mögliche Aufsatzthemen aufgeführt und mit Arbeitsblättern dokumentiert. Der Lehrer mag sich das Thema heraussuchen, das dem Leistungsstand seiner Lerngruppe am besten gerecht wird und einen sinnvollen Abschluß des im Unterricht Geleisteten darstellt.

Interpretationsskizzen

Heinrich Heine: „Der Wind zieht seine Hosen an"
Die Aufgabe besteht aus zwei Teilen. Zuerst sollen die Schüler aus einer Liste von Verben – es sind nur die von Heine verwendeten – die entsprechenden aussuchen und im Text an die passende Stelle plazieren. Da einige der Verben zugleich Reimwörter sind, ist die Aufgabe nicht schwer zu lösen. Zudem stehen einige Verben in charakteristischen Wendungen („zieht seine Hosen an"). Bei der anschließenden Interpretation sollen die Schüler wieder auf die Verben zurückkommen und ihre Funktion im Gedicht erklären.
Das Gedicht malt in eindringlichen Bildern das Toben der Elemente Wind und Wasser im nächtlichen Meer aus. Die Nacht wird dabei als machtvoll-strafende Gegenspielerin der See gesehen („als wollt die alte Nacht / Das alte Meer ersäufen"). Die Elemente sind so stark in Aufruhr, daß selbst die sturmerprobte Möwe von Angst und Schrecken befallen wird. Ihr Verhalten deutet auf eine Katastrophe hin, in der das nächtliche Szenario vermutlich endet. Der Mensch kommt in diesem Gedicht nicht vor. Es bleibt unklar, ob es sich bei dem Boot, dessen Mastbaum erwähnt wird, um ein bemanntes oder stilliegendes Boot handelt. Um so menschlicher sind die Verhaltensweisen der Elemente und der Kreatur (Möwe) dargestellt. In zahlreichen Personifizierungen wird das Bild des Aufruhrs von Wind und Wetter so packend gezeichnet, daß es vom Leser als unmittelbar und

eindringlich erfahren werden kann. Die Verben sind sowohl Träger der dynamischen Handlung als auch Bestandteil der Personifikationen. Formal besteht das Gedicht aus vierhebigen Jamben, in die an zwei Stellen (I, 3 u. 4 und III, 1 u. 2) Anapäste eingestreut sind. Das Reimschema ist der Kreuzreim.

Theodor Fontane: „Frühling"
Der textproduktive Einstieg bei dieser Aufgabe besteht darin, daß die Schüler die vertauschten Gedichtstrophen wieder in die richtige Reihenfolge bringen sollen. Diese Such- und Kombinieraufgabe führt, weil im Aufbau des Gedichts eine logische inhaltliche Abfolge liegt, den Schüler nahe an die Aussage heran.
Das Gedicht thematisiert eine Analogie zwischen dem Anbruch des Frühlings in der Natur und dem Neubeginn des Menschen nach einer Zeit der Trägheit, des Verharrens und der Mutlosigkeit. Der älter werdende Mensch („das alte Herz") zeigt sich ähnlich beharrend und zögernd wie der „alte Apfelbaum", wenn es darum geht, die Zeit des Aufbruchs zu nutzen. Das Gedicht ist letztlich ein Gleichnis auf das Leben. Im steten Auf und Ab von harten, düsteren („O schüttle ab den schweren Traum") und angenehmen, fröhlich stimmenden Zeiten vollzieht sich das menschliche Leben in Anlehnung an elementare Vorgänge im Kreislauf der Natur. In zahlreichen Personifizierungen wird das innere „Einverständnis" der Natur mit den sich vollziehenden Gesetzmäßigkeiten ausgedrückt („Sie konnten ihn all erwarten kaum"). Das Metrum wechselt zwischen 3- und 4-hebigen Jamben, in die an einer Stelle (II, 1 u. 2) Anapäste eingestreut sind. Das Reimschema ist der Kreuzreim.

Hermann Hesse: „Im Nebel" und Joseph von Eichendorff: „Mondnacht"
Die Aufgabenstellung ist auch bei diesem Aufsatzthema eine doppelte. Aus der Montage beider Gedichte zu einem Text sollen die Schüler wieder die Originalgedichte rekonstruieren. Dabei sollen sie sich an den unterschiedlichen Gestimmtheiten des Sprechers orientieren. Schülern, die mit der Metrik im Gedicht gut vertraut sind, wird natürlich das unterschiedliche Versmaß (regelmäßige Jamben in „Mondnacht" und Trochäen und Daktylen in „Im Nebel") auffallen und das Kombinieren der Strophen erleichtern.
Danach sollen sie sich in eines der beiden lyrischen Ichs hineinversetzen und das im Gedicht geschilderte Erleben und Fühlen in eine Tagebuchnotiz oder einen Brief an einen Freund übertragen. Die Montagearbeit ist für die Transferaufgabe eine wichtige Vorarbeit, weil nur das Erfassen der jeweils typischen Stimmungen und Gedanken das Herausfinden der beiden Gedichte ermöglicht.
Beide Gedichte thematisieren Gefühle und Erfahrungen, die eher dem älter werdenden Menschen eigen sind. Bei Hesse ist es das Gefühl des Verlassenseins. Die Freunde haben immer nur den erfolgreichen, strahlenden Menschen umgeben, nicht jedoch den von düsteren, traurigen Erlebnissen heimgesuchten. Aus diesem Erlebnis leitet der Sprecher ein Lebensgesetz ab: „Leben ist Einsamsein"; letztlich ist auf der Welt jeder Mensch mit seinen Problemen und Sorgen allein. Ein solidarisches Zueinanderstehen gibt es nicht. Diese pessimistische Einsicht in die zwischenmenschlichen Gegebenheiten wird durch eine Naturanalogie ver-

deutlicht. Die Bäume stehen im Nebel genau so isoliert und „fremd“ da, wie die Menschen einander in schlimmen Zeiten fliehen und meiden. Auch bei Eichendorff geht das Gefühl des Sprechers aus von einem Naturerlebnis. Nur ist es hier ein beglückendes, erhebendes: Die frühlingshafte Blütenpracht in der Natur erscheint ihm als Geschenk des Himmels, zustandegekommen durch eine liebevolle Vereinigung von Himmel und Erde („... der Himmel / Die Erde still geküßt“). Von diesem magisch anmutenden Naturschauspiel, das in der zweiten Strophe noch ausgemalt wird, wird das lyrische Ich zu einem Wunsch angeregt, der in der vorgestellten Vereinigung mit dem Jenseits gipfelt („Als flöge sie nach Haus“). Auch das ist ein Gefühl, das sich beim Menschen in der Regel erst einstellt, wenn man die Höhen und Tiefen menschlichen Lebens durchmessen hat und „zur Ruhe kommen“ will.

4 Stadtgedichte

Didaktische Begründung

Die Verstädterung unserer Gesellschaft ist ein ungebrochener Trend. Es wohnen nicht nur immer mehr Menschen in Städten. Auch in bislang ländlichen Gebieten sind Verstädterungstendenzen sichtbar: in der Anpassung an städtische Lebensweisen, in der Zunahme des Verkehrs, im Verschwinden bisher unberührter Naturnischen. Es ist deshalb sicher sinnvoll, wenn sich Schüler auch im Literaturunterricht mit dem „Lebensraum Stadt“ auseinandersetzen. Der Lehrer wird dabei auf unterschiedliche Haltungen und Gefühle stoßen. Er wird Schüler finden, die des Lebens im Moloch Großstadt überdrüssig geworden sind und seit dem letzten Reiterurlaub von einem Leben auf dem Lande träumen; dann andere, die die Stadt als Freiraum erleben, der eine Fülle von Anregungen und Vergnügungen bereithält. Schüler, die in ländlichen Gegenden wohnen, sehnen sich oft nach der Großstadt, weil sie von diesem Ort ein Mehr an Selbstverwirklichung und Selbständigkeit erhoffen. Innerhalb dieser Unterrichtssequenz wird mit Sicherheit an Diskussionsstoff kein Mangel sein. Die Gedichte sollen nicht nur unterschiedliche Aspekte des Themas beleuchten (wie z. B. die Wohnsituation, die Anonymität großstädtischen Lebens), sondern auch mit Hilfe des produktionsorientierten Verfahrens interpretierbar sein. Dabei wird auf methodische Variabilität Wert gelegt.

Thematik und Schwierigkeitsgrad der hier vorgestellten Stadtgedichte legen eine Besprechung in den Klassen 9 und 10 nahe. Allenfalls die letzte Gruppe („Meine eigene Stadt“) kann schon auf einer früheren Klassenstufe behandelt werden. Jedes der Gedichte ist einzeln besprechbar. Sinnvoller erscheint jedoch die Realisierung der ganzen Sequenz als thematische Einheit, um möglichst viele Aspekte der Großstadt im Zusammenhang thematisieren und die Vielfalt der sprachlich-formalen Realisierung zeigen zu können.

Das Gesicht der modernen Großstadt

Kurt Tucholsky: „Augen in der Großstadt“

Didaktische Begründung

Das Gedicht thematisiert eine zentrale Erfahrung modernen Großstadtlebens: die flüchtige Begegnung im Menschengewühl. Jedem, der aus vertrauter Dorf- oder Kleinstadtumgebung in die Großstadt kommt, wird diese Art anonymen Begegnens als Hauptmerkmal großstädtischen Lebens auffallen, ja wird ihn in der Regel verstören und befremden. Tucholsky hat diese Erfahrung treffend in seinem Gedicht eingefangen, indem er die visuelle Begegnung, das Auge-in-Auge der Menschen, in den Mittelpunkt rückt. Jeder Schüler wird die hier geschilderte Erfahrung schon einmal gemacht haben, im Strom der Menschen mitzuschwimmen, ohne näheren Kontakt zu ihnen zu bekommen. Der Lehrer kann also, wenn er dieses Gedicht mit der Klasse bespricht, auf Vertrautem aufbauen. Das Gedicht bleibt jedoch nicht beim Schildern anonymen Großstadtlebens stehen; Tucholsky verallgemeinert das Gedicht hin zur Erfahrung der Vergänglichkeit menschlichen Lebens („kein Mensch dreht die Zeit zurück“) und der Kleinheit der Einzelexistenz im Menschheitsganzen („Von der großen Menschheit ein Stück“). Für diese philosophische Dimension sind Schüler ab der Pubertät durchaus empfänglich. Es ist die Lebensphase, in der sie sich über ihren „Standort“ in der Gesellschaft und im Leben Gedanken machen. Ein Grund mehr, sich diesem Gedicht im Unterricht zu widmen.
Da dem Gedicht die visuelle Begegnung von Menschen zugrunde liegt, sollte ein Zugang über die Betrachtung von Bildern gewählt werden. Vor allem in der Phase des Expressionismus ist eine Fülle von Bildern entstanden, die das moderne Großstadtleben in all seinen Facetten darstellen und verarbeiten. Die meisten dieser Bilder thematisieren über das Beschreibende hinaus die Verstörung, die viele Menschen angesichts der rasanten Verstädterung damals empfanden. Anonymität, Fremdheit, menschliche Kälte inmitten einer glitzernden Fassadenwelt sind deshalb die wichtigsten Motive in diesen Bildern. Die Betrachtung und Beschreibung solcher Bilder kann nicht nur gut zu Tucholskys Gedicht hinführen. Hierdurch kann auch ein Beitrag geleistet werden zur Verzahnung zweier Unterrichtsfächer, wenn auch nur an einem Punkte. Das schülerorientierte Verfahren besteht darin, daß die Schüler nach der gemeinsamen Bildbesprechung, ausgehend von einer der dargestellten Personen oder Personengruppen, einen kurzen Text schreiben, in dem wir etwas über das private Schicksal dieser Menschen erfahren.

Interpretationsskizze

Das Gedicht besitzt eine auffällige äußere Form, der – bei näherer Betrachtung – eine innere Logik der Aussage entspricht. Es besteht aus drei Strophen, die wiederum je drei Teile aufweisen, von denen der dritte eine Art Refrain darstellt, der jeweils leicht abgewandelt wird. Die letzte Strophe weist gegenüber den beiden Anfangsstrophen kleine Unregelmäßigkeiten auf. Der mittlere Abschnitt, der analog zu den beiden anderen Strophen eingerückt ist, hat zwei Verse mehr. Beim Refrain kommt durch die Einrückung der Frage „Was war das?“ ein Vers hinzu. Auch hier sind die beiden letzten Verse eingerückt.
Die innere Gliederung hat einen ebenso klaren Aufbau. Das Gedicht beginnt in der ersten Strophe mit der Schilderung des städtischen Alltags, dem Gang zur Arbeit, der Fahrt mit der Bahn. Die zweite weitet das Thema aus zur Betrachtung des menschlichen Lebens. Die Straßen, die der Mensch tagtäglich begeht, sind hier Metapher für den Lebensgang insgesamt. In der dritten Strophe wird das Leben in seiner Widersprüchlichkeit, in seinen Bedrängnissen dargestellt. Hier klingt das Emigrantenschicksal des Dichters an („mußt auf deinem Gang / durch Städte wandern“), das ihn entwurzelt und letztlich in den Selbstmord getrieben hat.
Auch in den eingerückten Mittelteilen kann man eine logische Abfolge der angesprochenen Themen feststellen. Ausgehend von der kühnen Metapher „Menschentrichter“, die das Getümmel der Großstadt meint, werden die Gesichter angesprochen, die der Mensch beim täglichen Gang durch die Straßen wahrnimmt. In der zweiten Strophe wird dieser Blickkontakt konkretisiert, quasi fokusiert auf den Blick in die Augen des Gegenübers. Der Kontext läßt vermuten, daß hier die Liebe, die kurze Verheißung des Liebesglücks, angesprochen wird („die Seele klingt / du hasts gefunden“). Die dritte Einrückung malt die Gefahren aus, die in Zeiten der Bedrängnis in den Straßen lauern. Da man die Menschen, die einem flüchtig begegnen, nicht kennt, kann sich hinter der Fassade ihrer Gesichter Freund oder Feind verbergen. Das Wort „Genosse“ deutet Tucholskys Zugehörigkeit zur politischen Linken an. Anonymität und Fremdheit werden hier durch das mehrfach verwendete unpersönliche Pronomen „es“ unterstrichen.
Auch die Refrainstrophen weisen in ihrer Abfolge eine innere Logik auf. Von der Verheißung des Lebensglücks durch die flüchtige Begegnung über das Empfinden der Vergänglichkeit („kein Mensch dreht die Zeit zurück“) bis hin zur Einsicht der eigenen Kleinheit inmitten des Menschheitsganzen („Von der großen Menschheit ein Stück“) reicht der thematische Faden.
Insgesamt geht von dem Gedicht eine wehmütige Stimmung aus. In immer wieder neuen Situationen variiert es das Gefühl von Vergeblichkeit, des Beinahe-Glücks („vielleicht dein Lebensglück“). Für den Großstadtmenschen gibt es im Getümmel seiner Zeitgenossen kein greifbares, verläßliches Glück, sondern nur die Vision davon. Die Erfüllung mißt sich in Sekunden („du hasts gefunden / nur für Sekunden“). Letztlich entgleitet es dem Menschen, erweist sich als nicht greifbar („Es zieht hinüber / und zieht vorüber . . .“). Konsequenter Höhepunkt

ist deshalb die dreimalig verwendete Refrainzeile „Vorbei, verweht, nie wieder". Der Leser wird durch die durchgängig verwendete Formel des „du" richtiggehend in den Sog des Gedichtes hineingezogen. Das lyrische Ich zieht sich hinter das „Du", den angesprochenen Leser und Zeitgenossen zurück, dessen Schicksal exemplarisch, also verallgemeinerbar, dargestellt wird.
Obwohl Tucholsky insgesamt eine eher schmucklose Sprache gewählt hat, sind doch einige auffällige und wirksame rhetorische Figuren enthalten. Verbildlichungen (wie die Metapher „Menschentrichter", die Hyperbel „tausend Straßen") führen das Großstadtleben eindringlich und anschaulich vor Augen. Akzentuierende Betonungen (wie die Anapher „Es kann .../Es kann...", die Ellipsen „Zwei fremde Augen ... die Lider" oder die Wiederholungen „Was war das?") verleihen dem Gesagten einen Nachdruck, der bewirkt, daß manche Aussagen des Gedichtes gleichsam formelhaft im Gedächtnis haften bleiben.

Methodische Hinweise

Die Schüler sollen sich diesem Gedicht dadurch nähern, daß sie Menschen, die auf Großstadtgemälden in ihrer Anonymität abgebildet sind, Leben verleihen, quasi eine Lebensgeschichte für sie erfinden. Drei dafür geeignete Bilder sind

Nikolaus Braun: Berliner Straßenszene (1921)
Ernst Ludwig Kirchner: Berliner Straßenszene (1913)
Hans Baluschek: Bahnhofshalle (1929).

Die Bilder (A 4.1) sollten den Schülern kopiert ausgehändigt und vielleicht – wenn aus dem Kunstbereich greifbar – einmal als farbige Reproduktion an die Wand gehängt werden. In einer normalen Bildbetrachtung („Was ist auf den Bildern dargestellt?") nähert man sich der für die spätere Aufgabe wichtigen Feststellung, daß die Bilder – jedes auf seine Weise – alle das Motiv der anonymen, flüchtigen Begegnung in der Großstadt thematisieren. Jeder der Abgebildeten scheint nur seinen eigenen Weg zu verfolgen, ein Kontakt mit dem Nebenmenschen findet nicht statt. Die Stimmungen, die zum Ausdruck kommen, sind düster und pessimistisch. Sie drücken sich vor allem auch in den mürrischen oder verzerrten Gesichtern aus. Nach diesen Ergebnissen der gemeinsamen Bildbetrachtung leitet der Lehrer zum Arbeitsauftrag über. Hinter jeder der auf den Bildern dargestellten Figuren verbirgt sich ein menschliches Schicksal, das wir nicht kennen und von dem wir auf dem Bild auch nichts erfahren. Die Schüler sollen einer Figur dadurch „Leben einhauchen", indem sie seine Lebensgeschichte ausschnitthaft skizzieren. Am leichtesten gelingt das in Form eines inneren Monologes. Im Braun-Bild könnte z. B. der Bettler darüber sinnieren, daß er heute von den Menschen viel weniger geschenkt erhält als sonst. Von den beiden „Gesichtern" auf dem Baluschek-Bild könnte man das Reisevorhaben erfahren

usw. Wichtig wäre, daß die kurzen Texte auch die Stimmung zum Ausdruck bringen, die die Menschen gerade empfinden. Wenn Schüler, was anzunehmen ist, unterschiedliche Personen „beleben“, ergibt sich bei der Besprechung ihrer Texte ein ganzes Mosaik menschlicher Geschichten, die das Bild mit Leben füllen, indem sie Stimmungen, Gefühle, Absichten usw. mitteilen.
Jetzt erhalten die Schüler das Gedicht. Nach dem Vortrag durch den Lehrer sollten sich ein oder zwei Schüler ebenfalls am Vortrag versuchen. Im anschließenden Unterrichtsgespräch werden die Schüler sehr schnell erkennen, daß hier das in Verse gefaßt wurde, was die Bilder, zu denen sie ihre biographischen Texte verfaßt haben, malerisch ausdrücken. Es ist ratsam, nach einer ersten Verständigung über Inhalt und zentrale Motive des Gedichts dann den kunstvollen äußeren und inneren Bau mit Hilfe eines Tafelbildes zu erarbeiten. Es könnte etwa so aussehen:

Aufbau des Gedichtes

Teil 1	Teil 2	Refrain
Str. 1: Alltagssituation	Gesichter	Lebensglück
Str. 2: das Leben	Augen/Liebe?	Vergänglichkeit
Str. 3: Emigration?	Freund/Feind	Der einzelne als kleiner Teil der Menschheit

Nach der Erarbeitung der Strukturskizze sollte über die Stimmung gesprochen werden, die von dem Gedicht ausgeht. Der Lehrer sollte an dieser Stelle kurz über das Leben des Dichters referieren, um zu zeigen, daß sich einiges aus dem persönlichen Erleben Tucholskys in diesem Gedicht niedergeschlagen hat. Im Deutschland der Weimarer Republik nicht wohl gelitten (er wurde von den Konservativen als Nestbeschmutzer beschimpft), lebte Tucholsky seit 1924 in Paris und emigrierte 1929 nach Schweden. 1933 wurde er von den Nazis ausgebürgert, seine Bücher wie die anderer Emigranten verbrannt. 1935 nahm er sich das Leben. Das Gedicht „Augen in der Großstadt“ entstand 1930.
Die Besprechung des Gedichts könnte mit einer Schüleraktivität abschließen. Ebenso wie sie den Figuren der Gemälde Leben „eingehaucht“ haben, könnten sie hier den flüchtigen Begegnungen Dauer verleihen, indem sie das Gedicht an hierzu passenden Stellen umschreiben. Solche Stellen wären:

> Strophe 1: „Was war das? vielleicht dein Lebensglück ...“
> Strophe 2: „ein Auge winkt / die Seele klingt; / du hasts gefunden ...“
> Strophe 3: „Es sieht hinüber ...“

Von jeder dieser Textstellen aus könnte eine positiv verlaufende Begegnung geschildert werden, die dem Menschen wenn nicht das Lebensglück, so doch menschliches Miteinander, Kontakt und Begegnung bringt. Der wehmütige Pessimismus des Dichters würde auf diese Weise optimistisch aufgehellt. Wenn die Schüler sich durch die Gedichtform überfordert fühlen, dürfen sie auch in Prosa weiterschreiben. Dazu ist es dann sinnvoll, daß sie aus der Du-Form des Gedichts in die Ich-Form der biographischen Notiz wechseln. Das Verlesen der von den Schülern erfundenen Begegnungen schließt dann die Besprechung des Gedichtes ab.

Weiterführungsmöglichkeit

Detlev von Liliencron: „In einer großen Stadt“

Detlev von Liliencrons Gedicht „In einer großen Stadt“ schließt thematisch an das von Tucholsky an. Es behandelt die Vereinzelung des Menschen inmitten großstädtischen Massenlebens. Die Stimmung ist allerdings noch düsterer, noch pessimistischer als im vorher besprochenen Gedicht.

Kurzinterpretation

Das Gedicht zeigt in eindringlich-düsteren Bildern („Meer des Nichts“; „Leichenzug“) das Schicksal des modernen Großstadtmenschen, der keine Heimat finden kann, sondern zur Anonymität im Leben und im Sterben verdammt ist. Die Metapher „Meer der Stadt“ zieht sich das ganze Gedicht hindurch (einmal variiert durch „Meer des Nichts“) und veranschaulicht das bunte Gewoge der Menschen und Verkehrsmittel. Der kurze Augenkontakt ist alles, was von den Menschen um einen herum bleibt. Selbst das Sterben und Begrabenwerden spielt sich in der gleichen Anonymität und Gleichgültigkeit ab, von der auch das alltägliche Leben geprägt ist. Höhepunkt der düsteren Vision ist das Bild vom eigenen Leichenzug, der von den Passanten kaum beachtet wird. Die Menschen kreuzen ihn „querweg“, um ihren eigenen Geschäften und Bedürfnissen nachzugehen. Leben und Sterben des Großstadtmenschen – so die Botschaft des Refrains – sind genau so flüchtig wie das Lied des Drehorgelspielers, das der Wind bald verweht.
Reizvoll wäre bei diesem Gedicht, wenn die Schüler die im Gedicht freigelassenen Textpassagen ergänzen. Einige Freistellen sind so gewählt (s. A 4.3), daß sie vom zentralen Bild des Gedichtes her („Meer der Stadt“) zu schlußfolgern sind („Es treibt ... / Es tropft ... / Es schwimmt ...“). Die andern Weglassungen sind schon schwieriger zu erraten, weil sie die Steigerung des gedachten Vorgangs betreffen („Blick ins Auge / Blick auf seinen Sarg ... / Blick auf meinen Sarg ...“). Im Arbeitsauftrag sind deshalb Hinweise enthalten, welche Elemente des sprachlichen Substrats von der Auslassung betroffen sind. Die Diskussion über die unterschiedlichen Fassungen, die dabei zustandekommen werden, führt direkt ins Zentrum der Gedichtaussage. Der Lehrer muß vielleicht nur noch Hin-

weise auf die sprachlich-formale Gestaltung des Gedichts ergänzen. Ein Vergleich mit dem Gedicht von Tucholsky als Abschluß der Besprechung bietet sich an.

Alfred Wolfenstein: „Städter“

Didaktische Begründung

Alfred Wolfenstein wurde bekannt durch seine Stadtgedichte. In den zwanziger Jahren erregte er mit Gedichtbänden, in denen er die Großstadt Berlin besang, Aufsehen. Als Jude mußte er 1934 vor den Nationalsozialisten fliehen. Im französischen Exil nahm er sich 1945, drei Monate vor Kriegsende, das Leben. Er gilt als wichtiger Vertreter des Expressionismus, auch wenn er heute nur noch einem kleinen Kreise von Literaturfreunden bekannt ist. Auf der gymnasialen Mittelstufe wird man Gedichte nicht in erster Linie wegen ihrer Bedeutung für eine literarische Epoche besprechen. Hier spielt in erster Linie die Aussagekraft des Inhalts eine Rolle. Eine solche haben die Großstadtgedichte Wolfensteins mit Sicherheit zu bieten. Walter Hasenclever hat sie einmal mit den kubischen Formen Picassos verglichen. Sie fangen wie nur wenige Gedichte anderer Lyriker seiner Zeit die Großstadtatmosphäre ein und geben ihr einen sprachlich expressiven Ausdruck. Das Gedicht „Städter“ ist 1919 entstanden.
Wolfenstein hat in seinen Stadtgedichten ein zentrales Thema verarbeitet: das Alleinsein, das Stumm- und Fremdsein unter vielen anderen. Viele Kulturkritiker und Psychologen halten dieses Gefühl für das typische Zeiterleben des modernen Menschen, für das Übel des 20. Jahrhunderts schlechthin. Gerade in der letzten Dekade dieses Jahrhunderts scheint dieses Isolationsgefühl noch zu kulminieren, hat doch die Flut der medialen Aufbereitung unserer Wirklichkeit durch TV und Computer zu einer weiteren Abschottung des Menschen, vor allem auch des Jugendlichen geführt. Eine Besprechung von Texten im Unterricht, die dieses Zeitgefühl einfangen, erscheint deshalb angebracht.
Als Zugang zum Gedicht soll hier ein Umweg über eine andere Textsorte eingeschlagen werden. Ein kurzer Prosatext, der die Enge und Anonymität des Wohnens in einem großstädtischen Wohnsilo schildert, soll von den Schülern zu einem Gedicht umgearbeitet werden. Das Foto einer solchen Wohnstadt soll die Schüler noch zusätzlich inspirieren.

Interpretationsskizze

Das Gedicht zeigt in der ersten Strophe die gedrängte Nähe von Häusern, Wohnungen und Straßen. Sie ersticken förmlich das Leben in den Straßen. Die Aktivität ist auf die toten Gegenstände, die Häuser, übergegangen, als wollten sie als Ersatz für die Menschen handeln. Die mehrmalige Nennung von Wörtern wie „nah“, „dicht“ und „drängend“ unterstreicht die bedrückende Enge, der die Menschen ausgeliefert sind.
Die zweite Strophe verengt den Blick auf einen Ausschnitt alltäglichen Lebens in der Stadt. Die Menschen in der Straßenbahn werden – in Verkehrung des Verfahrens in Strophe eins – versachlicht, als Fassaden bezeichnet. Dies soll zeigen, daß es auf mehr als auf die äußere Erscheinung nicht ankommt, weil man sich trotz der Enge („Ineinander dicht hineingehakt“) dennoch nicht näherkommt. Die Menschen mustern sich und können begehrlichen Blicken nicht ausweichen („Begierde ineinander ragt“). Die Formulierung „ineinander ragt“ ist widersprüchlich. Ragen meint eine weit ausladende Bewegung, während „ineinander“ die Begrenzung dieser Bewegung angibt. Die Blicke der einander Gegenübersitzenden werden gleichfalls mit einem Paradoxon beschrieben: „... wo die Blicke eng ausladen“. Der Blickwinkel ist wegen der Sitzposition der Menschen eng, wie ausschweifend auch die sich in den Blicken ausdrückenden Phantasien sein mögen.
In der dritten Strophe findet ein Wechsel der Perspektive vom Beobachteten zum Beobachter statt. Das lyrische Ich tritt in der Pluralform („Unsre Wände“) auf, um die Gültigkeit des Gesagten für alle anzuzeigen. Die Wände umschließen zwar die Menschen, die dahinter wohnen, sie haben jedoch ihre Schutzfunktion verloren („dünn wie Haut“). Das bewirkt wiederum Nähe des anderen, unbeabsichtigte Nähe, erzwungene Teilhabe an den intimen und geheimsten Vorgängen des Nachbarn („wenn ich weine“ / „Flüstern“).
Es ist nur scheinbar paradox, wenn in diesen Lebensbedingungen der einzelne sich in eine innere Höhle verkriecht, um Schutz und Geborgenheit zu finden. Man kann dies auch als psychischen Panzer verstehen, den sich jeder zulegen muß, um diese entsetzliche Nähe zu ertragen. Der erzwungenen Berührung steht die gewählte Abschottung gegenüber. So hat man keine Wahl. Man ist „alleine“ und „fern“ von allen Mitmenschen. Die herausgehobene Stellung des Wortes „alleine“ (am Ende und nach einem Doppelpunkt) läßt es als das eigentliche Motto des Gedichts erscheinen. Auf dieses Gefühl läuft letztlich alles, was an Verkrüppelungen und Verfremdungen im menschlichen Miteinander geschildert wird, hinaus.
Das Gedicht versucht, die gedrängte Nähe und erdrückende Enge auch formal zu verdeutlichen. Mehrfache Enjambements verstärken die Bewegung, die von der Dingwelt ausgeht und den Menschen zu ersticken droht. Auch der umschließende Reim in den beiden Quartetten und die Reimverschränkung in den beiden Terzetten unterstreichen das Gefühl von Enge.
Das Gedicht besticht durch seine ungewöhnlichen sprachlichen Bilder. Es sind

Vergleiche („wie Löcher eines Siebes"), Personifizierungen („fassen Häuser sich so dicht an ...") und Metaphern („zwei Fassaden Leute"). Aber auch die Adjektive erhalten durch ihre Häufung und den Kontext, in dem sie stehen, die Bedeutung von Chiffren: „nah", „dicht", „eng", „dünn", „stumm", „fern" und „alleine". Sie zeigen, wie die Welt beschaffen ist, in denen die Menschen sich trotz äußerlicher Nähe nicht nahe kommen können.

Methodische Hinweise

Auch bei der Einführung dieses Gedichtes ist es sinnvoll, mit einem Bildimpuls zu beginnen. Die Schüler erhalten die beiden Bilder (s. A. 4.4). Nach kurzer Betrachtung sollen die Schüler darüber diskutieren, wie die Lebensbedingungen der Menschen in den beiden Städten wohl aussehen mögen. Inzwischen hat fast jede deutsche Großstadt eine Trabantenstadt wie das hier abgebildete Märkische Viertel in Berlin. Die zeitlich nach dem Berliner Vorbild gebauten Vor- oder Randstädte haben allerdings versucht, die „Geburtsfehler" des Märkischen Viertels zu vermeiden. Die Wohnblöcke sind kleiner ausgefallen, die „militärische Anordnung" wurde aufgelockert, mehr Grün und eine bessere Infrastruktur (Geschäfte, Lokale, Kindergärten etc.) sollten den Wohnwert heben. Dennoch ist als Wohncharakteristikum eine Zusammenballung von Wohnungen auf engstem Raum geblieben. In diesen Vorstädten wohnen oft so viele Einwohner wie in einer traditionell gewachsenen mittleren Kleinstadt.
Die Diskussionsergebnisse sollten an der Tafel gesammelt werden, weil daraus später der Stoff für die eigenen Gedichte der Schüler werden soll.
Als nächstes Material erhalten die Schüler den Auszug aus dem Prosatext „Ein Tag beginnt" von Dieter Forte und das Bild eines Hamburger Wohnsilos (s. A 4.5). Der Text schildert aus der Ich-Perspektive die Gefühle und Stimmungen eines Arbeitnehmers, der sich frühmorgens auf den Weg zu seiner Arbeitsstelle macht. Auf dem Weg zur U-Bahn beschreibt er seine Wohnumgebung und die Menschen, die ihm begegnen. Forte wählte hierfür eine eindringliche und anschauliche Bildsprache. Die punktuellen Wahrnehmungen unterwegs werden mittels Satzfragmenten und elliptischer Reihungen „eingefangen".
Die Schüler erhalten den Arbeitsauftrag, den Text darauf hin zu untersuchen, wie der Ich-Erzähler die Wohnsituation und die Begegnung mit anderen Menschen gestaltet. Die Ergebnisse der Textarbeit werden in einem zweispaltigen Tafelbild gesammelt.

Tafelbild

Wohnsituation	Begegnung mit Menschen
– eng nebeneinander liegende Wohnungen, bunte Bemalung, die Weite vortäuschen soll – viele Wohnungen in einem Haus Reglementierung (Fahrstuhl)	– sie kapseln sich ab (Sicherheitsbedürfnis) – mürrische Stimmung – hastende Menschen – Einsamkeit (keinen Partner für Theaterbesuch) – routinierte Verrichtungen (Kasse) – passives Verhalten (Vieh!)

Jetzt sollen die Schüler – am besten zu Hause – ein Gedicht über das Leben in einer städtischen Hochhaussiedlung schreiben. Die beiden Tafelbilder können sie dabei als Material benutzen, sich allerdings auch durch die beiden Bilder frei inspirieren lassen. Wer in einer solchen Wohnumgebung wohnt, kann natürlich auch eigene Erfahrungen einbringen. Die Form des Gedichts bleibt den Schülern freigestellt (Reim- oder Prosafassung).
Nach dem Vortrag der Gedichte in der nächsten Stunde, für die man sich genügend Zeit lassen sollte, wird dann vom Lehrer das Gedicht „Städter" von Wolfenstein vorgetragen und danach gemeinsam interpretiert. Eine dabei immer wieder auftauchende Frage wird sein, wo es Übereinstimmungen, aber auch Unterschiede in bezug auf die von den Schülern verfaßten Gedichte gibt. Da mit Sicherheit die poetische Durchformung der Schülergedichte noch sehr „anfängerhaft" sein wird, sollte der Lehrer nach der inhaltlichen Erschließung der Analyse der poetischen Gestalt einen gebührenden Raum gewähren. Wenn man ein perfektes Gedicht mit eigenen Versuchen kontrastieren kann, wird sich das Formgefühl besser ausbilden als durch ausschließliche Analyse fremder Gedichte.

Weiterführungsmöglichkeit

Der Expressionismus hat eine große Fülle von Stadtgedichten hervorgebracht, die die unterschiedlichsten Aspekte modernen Großstadtlebens beleuchten. Bei aller Verschiedenheit der Motive ist ihnen doch ein Grundgestus gemeinsam: eine merkwürdige Ambivalenz zwischen Abgestoßensein und Sich-angezogen-Fühlen. Georg Heym hat diese Widersprüchlichkeit in seinem bekannten Gedicht „Verfluchung der Städte" auf den Punkt gebracht, wenn er schreibt:

> „Ihr seid verflucht. Doch eure Süße blüht
> Wie eines herben Kusses dunkle Frucht ...".

Viele der expressionistischen Stadtgedichte sind für den Unterricht in der Sekundarstufe I zu schwierig. Einige jedoch sind geeignet und können wegen ihrer Bildhaftigkeit gut zur Arbeit am sprachlichen Material verwendet werden. Zwei Gedichte sollen hier vorgestellt werden.

Kurzinterpretationen

Alfred Lichtenstein: „Die Nacht"

Lichtenstein hat in einem Zeitschriftenartikel („Die Aktion", 1913) seine dichterische Methode erläutert. Mit seinen Gedichten wolle er keine „als real denkbare Landschaft" darstellen, sondern „ideeliche Bilder". Damit meint er die spontane, nicht durch Reflexionen gefilterte und verfälschte Wahrnehmung. An dem Gedicht „Die Nacht" kann man dieses Prinzip gut nachvollziehen. Es reiht verschiedene Wahrnehmungen in der nächtlichen Großstadtszenerie aneinander und verleiht ihnen durch „ungewöhnliche" Formulierungen einen merkwürdigen, fast unwirklichen Reiz: „Polizisten watscheln", Bettler sind „zerbrochen", Straßenbahnen „stottern", Kater sind „wehleidig". Es sind Impressionen, wie sie der Rausch liefert. Aber auch die nächtliche Kulisse selber trägt zur Verzerrung der Wahrnehmung bei. Flackernde Gaslaternen und die Lichter der Animierviertel („Um harte Häuser humpeln Huren ...") lösen die festen Umrisse der Gegenstände auf, wie das Großstadt-Nacht-Leben per se die Regeln und Konventionen des gesitteten Lebens in Frage stellt. Deshalb bedeutet der Vers „Viel Himmel liegt zertrümmert auf den herben Dingen" mehr als nur die expressive Wahrnehmung eines aufgewühlten nächtlichen Wolkenhimmels. Neben zahlreichen Metaphern („Autodroschken fallen zu den Sternen") sind vor allem Alliterationen auffällig („Um harte Häuser humpeln Huren ..."). Die Gedichtform ist eher konventionell und regelhaft: 6füßige Jamben mit umschließendem Reim mit weiblichen Kadenzen.

Gustav Sack: „Der Schrei"

Dieses Gedicht formuliert das Leiden an der Großstadt im Bild eines lauten Hilfeschreies. Die beiden ersten Strophen liefern die Ursachen der Leiden: kalte Wohnumgebung, Not, Überlebenskampf und der animalisch gesehene Geschlechterkampf („Brunst") sowie Lärm und Isolation („lauten Totenstadt"). Nach der Mittelachse des Gedichts, der 3. Strophe, die den Schrei beinhaltet, wird in den Strophen 4 und 5 die Alternative angedeutet, an die sich die Sehnsucht des lyrischen Ichs heftet: Freiheit in unberührten Landschaften. Das Gedicht thematisiert den Gegensatz Stadt–Natur, der zur Großstadtlyrik gehört, seit es diese lyrische Spezies gibt. Dieser Gegensatz hat unter den Dichtern zu richtigen Kontroversen mit Gedicht und Gegengedicht geführt. Richard Dehmel schrieb in seiner „Predigt ans Großstadtvolk":

„Ja, die Großstadt macht klein ...
O laßt euch rühren, ihr Tausende ...
Geht doch hinaus und seht die Bäume wachsen ...“

René Schickele antwortete ihm:
„Nein, hier sollt ihr bleiben!
(...) Weil es die Stadt ist.
Wo die begehrenswerten Feste gefeiert werden.
(...) Ihr werdet mit der Stadt die Erde euch erobern.“

Dem einen war die Stadt der Ort der Verkrüppelung der menschlichen Natur, dem anderen der Hort der Selbstverwirklichung und der Mittelpunkt menschlicher Zivilisation.
Formal besteht das Gedicht „Der Schrei“ aus vierfüßigen Jamben mit Paarreimen. Die Kadenzen der Strophen, die das städtische Elend darstellen, sind stumpf. In den beiden letzten Strophen, wo die freiheitliche Alternative artikuliert wird, sind sie klingend, unterstreichen also mit der Sprechmelodie die Aussage. Sprachliche Besonderheiten sind Metaphern („steingewordene Not“), Alliterationen („Brunst und Brot“) und Hyperbeln („grenzenloser Himmel“).

Vorschlag zur Methode

Bei beiden Gedichten soll die Schüleraktivität durch Auslassungen im Gedichttext angeregt werden. Bei Lichtenstein sind Verben und Adjektive wegretuschiert, bei Sack die Stellen, an denen der Dichter seine Sehnsucht ausdrückt. Die Schüler werden sich natürlich beim ersten Gedicht schwertun, weil ihnen die Verfremdungsmethode Lichtensteins nicht geläufig ist. Sie werden realistische Formulierungen wählen, auch wenn durch einige der verbleibenden Textstellen die unwirkliche Atmosphäre angedeutet ist („Autodroschken fallen zu den Sternen“). Im Kontrast mit dem Original werden die Schüler dann um so besser erkennen, wie Lichtenstein es geschafft hat, durch unwirkliche Attribute den Dingen einen verfremdenden Anschein zu verleihen. Beim zweiten Gedicht dürften keine großen Probleme auftauchen. Es kann allenfalls sein, daß die Schüler bei ihren Nachdichtungen die formale Stimmigkeit von Metrum und Reim nicht ganz erreichen. Hier sollte der Lehrer behutsam nachhelfen.

Milieustudie und soziale Anklage

Erich Kästner: „Mädchens Klage"

Didaktische Begründung

Die meisten Großstädte haben im Zuge ihrer Entstehung unterschiedliche Milieus hervorgebracht, die in besonderen Wohnquartieren beheimatet waren. Sprichwörtlich wurde Zilles „Miljöh", die Arme-Leute-Quartiere in den Hinterhöfen des expandierenden Berlin der 20er Jahre. Ebenso bekannt wurden die Berg- und Stahlarbeitersiedlungen im Ruhrgebiet, die Villenvororte in Hamburg und Berlin-Dahlem oder die Boheme im Münchener Stadtteil Schwabing. Jedes dieser Milieus hat spezifische Wohn- und Verkehrsformen der Menschen, ja oft einen besonderen Menschenschlag mit einer eigentümlichen Sprachform hervorgebracht. Die Identität der Menschen in diesen Wohnbezirken wurde durch den Zusammenhalt untereinander, der durch gleichartige Lebens- und Arbeitsbedingungen gefördert wurde, gestiftet und an die nächste Generation tradiert. Heute sprechen Soziologen davon, daß diese klassischen Milieus sich auflösen, weil ihre Grundlage, die Industrieform, die sie geprägt hat, durch den Strukturwandel in Auflösung begriffen sei und die zunehmende Individualisierung und Mobilität der Stadtbewohner geschlossene Milieus nicht mehr zuließen. Es gibt zahlreiche – oft auch mundartlich geprägte – Gedichte, die das Leben in solchen Stadtmilieus besingen. Viele nehmen zu diesem Leben Stellung, üben soziale Kritik oder wecken das Mitleid der „gebildeten Stände" und der wohlsituierten Stadtbewohner.

Es ist im Unterricht durchaus von Reiz, solche Gedichte, auch wenn sie letztlich einen überwiegend historischen Anstrich besitzen, zu behandeln. Zum einen verschafft es Einblicke in Lebensformen vergangener Zeit, zum anderen zeigen einige Gedichte anhand von Themen wie Sexualität, Umgang in der Familie, wie stark sich moralische und soziale Normen inzwischen gewandelt haben. Die Schüler können dabei erkennen, daß z. B. der freie Umgang mit sexuellen Themen, den sie heute gewohnt sind, keinesfalls immer schon selbstverständlich gewesen ist.

So ganz ausschließlich historisch ist die Betrachtung von städtischen Milieus sicher heute nicht. In einigen Stadtbezirken deutscher und europäischer Großstädte haben sich moderne Gegen- oder Subkulturen ausgeprägt (wie z. B. die alternative Szene in Berlin-Kreuzberg oder in Hamburg), die heute auch wieder – allerdings unter anderem Vorzeichen – aus ihren spezifischen Lebens- und Arbeitsformen ihre Identität und ihren Lebenssinn beziehen. Darauf kann der Lehrer, wenn er die folgenden Gedichte über die städtischen Milieus bespricht, verweisen.

Kästners Gedicht „Mädchens Klage" beschreibt das typische Hinterhausmilieu in den Arbeiterquartieren Berlins zwischen den beiden Weltkriegen. Der ironische

Untertitel „Dem Wohnungsamt gewidmet“ läßt erkennen, daß Kästner es nicht bei einer Milieustudie bewenden lassen will, sondern daß er das Amt kritisiert, das solch beengte Wohnverhältnisse zuläßt. Diese „Widmung“ ist also ein Impuls für Nachdenklichkeit und Kritik.
Beim methodischen Verfahren liegt hier nahe, daß die Schüler sich in die sprechende Hauptfigur des Gedichts, dem Mädchen, hineindenken und ihre pubertären Träume und Gefühle in einer anderen Textsorte zum Ausdruck bringen sollen.

Interpretationsskizze

Zentrales Motiv des Gedichts ist die ärmliche („Hinterhaus“ / „vierter Stock“) und über alle Maßen beengte Wohnsituation (ein Schlafzimmer für alle) der geschilderten Familie. Aus Geldmangel ist ein Zimmer noch an einen Untermieter, einen „möblierten Herrn“, wie es damals hieß, vermietet worden. Die Konsequenz solchen Wohnens ist für das junge Mädchen in der Pubertät nicht nur Streit mit dem Bruder. Sie muß an sich auch seine sexuelle Neugier erdulden. Das Gedicht ist aus der Warte des Mädchens geschrieben. Sie erzählt ihre Situation, ihre Gefühle und Sehnsüchte. Es sind die unausgegorenen, von Neugier und gespannter Erwartung durchsetzten Pubertätsträume einer Vierzehnjährigen, die von ihrer Mutter nicht richtig aufgeklärt worden ist. Ihre Neugier befriedigt sie, indem sie gewisse Stellen in der Bibel („lese in der Bibel von der Liebe“) liest. Die Mutter ist streng und züchtigt ihre Tochter, wie das in der Unterschicht wohl üblich gewesen ist. Das Mädchen verehrt ihren Sportlehrer und reizt ihn auch schon einmal mit freizügiger Kleidung. Auch dem Untermieter, der sich vornehm kleidet und in dem das Mädchen dann einen Grafen sieht, scheint sie sexuell zu Willen zu sein.
Das Gedicht ist deshalb ein typisches Milieugedicht, weil es einen Ausschnitt aus der Lebenssituation einer bestimmten Schicht vermittelt und die daraus resultierenden sittlichen Verwerfungen in anklagender Form mitteilt. Es hat erzählenden, fast balladesken Charakter und ist in Sprache und Form einfach und schmucklos. Eine raffinierte poetische Durchformung wäre dem Gegenstand sicher auch nicht angemessen. Die regelmäßige Form (vierversige Strophen mit Kreuzreim) wird lediglich in der letzten Strophe variiert, indem noch zwei Verse hinzugefügt werden, von denen der letzte verkürzt ist. Zusammen mit dem sarkastisch klingenden Kontrast der Reimwörter „Liebe“ – „Hiebe“ bewirkt die Verkürzung eine Art Schlußmotto, als wollte der Dichter sagen: Dazu führt letztlich diese Wohnsituation. Ein vernünftiges menschliches Miteinander ist darin nicht möglich.
Das Metrum, der 5füßige Jambus, wird an vielen Stellen – vor allem bei den Zeilenauftakten – durch die natürliche Sprechbetonung modifiziert. Auch das ist ein Beispiel für die unprätentiöse künstlerische Form des Gedichts.

Methodische Hinweise

Mit dem Mädchen, der Sprecherin des Gedichts, werden sich vor allem gleichaltrige Schülerinnen – auch über die historische Distanz hinweg – identifizieren können. Auch im Zeichen der sogenannten sexuellen Befreiung bleibt noch viel, was heranwachsende Mädchen beschäftigt, ängstigt oder neugierig macht. Sexuelle Reifung ist eben kein Vorgang, der schematisch nach den Anleitungen der BRAVO abliefe, sondern ein körperlich-seelischer Prozeß, der mit Brüchen und Widersprüchen von jedem Mädchen neu durchlebt und mitunter auch durchlitten werden muß.
Da die Resonanz nach Schreibaufgaben auf diesem heiklen Gebiet nicht exakt vorhersehbar ist, sollten vom Lehrer verschiedene Alternativen angeboten werden, vor allem auch für die Jungen, die sich vermutlich sehr ungern und widerwillig mit dem Mädchen des Gedichts identifizieren würden.
Vier Aufgaben rollenspezifischen Schreibens können gestellt werden. Jeder Schüler sollte sich eine ihm passende Aufgabe heraussuchen. Die Aufgaben werden gestellt, wenn das Gedicht in seinen Grundzügen besprochen und von den Schülern verstanden worden ist. Die gemeinsame Besprechung vor den Schreibaufgaben ist notwendig, weil einige Passagen sicher ohne Hilfe des Lehrers nicht verständlich sind („fest möblierter Herr“ / „in der Bibel von der Liebe“ / „in Sittlichkeit die Eins“).
Während die drei ersten Aufgaben (A 4.9) in Briefform gelöst werden müssen, wird die vierte Aufgabe in der Form eines Dialoges mit Regieanweisungen zu erledigen sein. Wichtig ist, daß bei allen Aufgaben der soziale Hintergrund, das Wohnungselend, nicht völlig verschwindet. Der Lehrer sollte bei der Aufgabenstellung auf diesen Punkt achten.
Wenn die Briefe bzw. Dialoge eine Stunde später verlesen werden, sollte vor allem der Blick darauf gerichtet werden, ob die Lage der Familie, vor allem des Mädchens, adäquat zum Ausdruck gebracht wird. Diese Besprechung, vielleicht auch schon die Gedichtinterpretation zu Beginn, wird in der Klasse sicherlich eine Diskussion über Pubertät und Sexualität auslösen. Der Lehrer sollte ihr nicht ausweichen. Der Deutschunterricht muß sich auch in lebenskundlichen Fragen bewähren.

Weiterführungsmöglichkeit

Wolf Biermann: „Meine Mietskasernenbraut“

Wolf Biermann schrieb dieses kleine Gedicht 1962, also drei Jahre vor dem Verbot seiner Lieder durch die DDR-Führung. Es schließt thematisch scheinbar an das vorige von Kästner an (Mietskaserne!). Ein genaueres Hinsehen zeigt jedoch, daß es hier nicht um die Wohnverhältnisse geht, sondern um die Beziehungsprobleme einer (jungen?) Frau.

Kurzinterpretation

Das Mädchen wohnt auch in einer Mietskaserne. Das Ambiente wird hier allerdings eher als idyllisch beschrieben. Die Sonne erreicht die Wohnungen im sechsten Stock früher als die unteren. Tauben fressen Brotreste, die man auf die Simse legt. Der Sprechgestus des lyrischen Ichs läßt darauf schließen, daß es sich bei dem Mädchen um eine nähere Bekannte oder gar seine Freundin handelt („Meine Mietskasernenbraut"). Dies wird allerdings durch die vierte Strophe relativiert, wo von mehreren Liebhabern die Rede ist („darfst Du bei ihr liegen"). Die Formulierung „hat ein großes Herz" in Strophe drei untermauert diese Vermutung. Die ironische Wendung „hundert Stiegen" könnte – doppeldeutig – auch bedeuten, daß es viele Liebhaber gibt, die den Weg zu der Frau finden. Das Mädchen erfüllt die Rolle der Trösterin. Sie richtet einsame und traurige Männer wieder auf („macht ... mit mir einen Scherz"). Der Sprecher wünscht sich – in einem Anflug von Fürsorge – für das Mädchen einen Ehemann. Er ist sich aber nicht so sicher, ob sie wirklich eine Frau fürs Heiraten ist, denn das Gedicht kommt zu dem Schluß, daß ihr der lockere Umgang mit Männern lieber ist als ein geordnetes Eheleben.
Formal und sprachlich ähnelt das Gedicht einer Ballade. Der Abschluß ist refrainhaft, fast wie bei einem Kindervers („dann kommt's ihr nicht ... darauf an"). Die Szenerie, die Stimmung und das Charakterbild der Frau werden mit einfachen Strichen anschaulich gemacht. Bilder („Tauben fressen auf dem Sims"), Metaphern („hat ein großes Herz") und Hyperbeln („führen hundert Stiegen") geben der ansonsten einfach gehaltenen Sprache eine poetische Note.

Vorschlag zur Methode

In den Klatschspalten der Illustriertenpresse, vornehmlich in Frauenzeitschriften, gibt es eine Spalte: „Frau Dr. Sommer berät". Hier wird Hilfesuchenden, die ihre Probleme vor der Leserschaft auszubreiten bereit sind, Lebenshilfe zuteil. Die Ratgeberin gibt psychologische Hinweise („seien Sie Ihrem Partner gegenüber versöhnlicher!") oder gar den Rat, das bisherige Leben gänzlich zu ändern („Ziehen Sie weit, weit weg ... lassen Sie alles hinter sich!"). Viele Schüler haben solche Spalten sicher schon mit Genuß und mit Schmunzeln gelesen. Hier sollen sie selber solche Seelsorgebriefe verfassen. Denkbar ist die Aufgabe in Form eines Frage-Antwort-Spiels. Es tun sich in der Klasse immer zwei Schüler zusammen. Der eine schreibt den um Hilfe nachsuchenden Brief des Mädchens. Der andere Schüler dann die Antwort der Psychologin aus der Zeitung. Die erste Aufgabe ist nicht leicht zu lösen, weil in dem Gedicht nicht klar wird, ob die „Mietskasernenbraut" ihre Lage wirklich als Problem sieht oder ob sie mit ihrer

Lebensführung zufrieden ist. Wir haben alle Angaben über sie nämlich nur aus dem Mund eines Dritten, eines ihrer Verehrer, erfahren. Um die Aufgabe lösbar zu machen, müssen wir einfach annehmen, daß sich das Mädchen hilfesuchend an die Zeitung wendet, weil sie mit ihrer bisherigen Lebensführung Schluß machen und den Weg in die Solidität antreten will.
Die Aufgaben müssen natürlich zeitversetzt gestellt werden. Am besten als Hausaufgaben, weil die Schüler dann genügend Zeit und Konzentration haben. Es wird danach köstliche Vorlesestunden geben, weil kaum ein Schüler bei einer solchen Aufgabe ernst bleiben kann. Trotzdem sollte der Lehrer bei allen Briefen die Frage stellen, ob der Bezug zum Gedicht gewahrt ist, die Lebensumstände und Probleme des Mädchens also richtig erfaßt sind.
Die Klasse kann sich hier auch einen Spaß erlauben und die fragenden Briefe an einige der einschlägigen Zeitschriften schicken. Der Hinweis auf irgendeine literarische Vorlage muß natürlich gänzlich unterbleiben, damit die Zeitung keinen Verdacht schöpft. Es gibt Fälle, wo Zeitungen schon auf die Probleme von Effi Briest, Karl Moor und Klara (Maria Magdalena) geantwortet haben, ohne den didaktischen Hintergrund zu erahnen.
Wenn eine Tonaufzeichnung des Liedes von Biermann greifbar ist, sollte ein gemeinsames Hören die Besprechung abschließen.

Meine eigene Stadt

Theodor Storm: „Die Stadt"

Didaktische Begründung

Das Gedicht ist wohl das bekannteste Gedicht von Theodor Storm und eines der populärsten Stadtgedichte überhaupt. Es lebt von dem spröden Charme der Beschreibung von Stadt und Umgebung und der sich daran – scheinbar paradox – anschließenden Liebeserklärung des Sprechers. Das Gedicht soll nicht nur deshalb auch in dieser Einheit seinen Platz finden, weil es als „klassisches" Gedicht unverzichtbar wäre. Es geht zudem hier um eine Stadt, die heute ganz besonders von ihrem Storm-Image lebt und deshalb von vielen Touristen besucht wird. Man wird also im Unterricht des öfteren auf Schüler stoßen, die die Stadt bei einer Reise kennengelernt haben. Das produktionsorientierte Verfahren, das wir bei diesem Gedicht anwenden, nimmt seinen Ausgangspunkt bei einer Fremdenverkehrswerbung, die von der Stadt Husum im Jahre 1987 an interessierte Besucher verschickt wurde.
Literarische Texte entfalten ihre Wirkung oft besonders deutlich, wenn man sie mit Texten ganz anderer Art kontrastiert. Diesen Kontrast bietet der Auszug aus dem Werbeprospekt der Stadt. Er preist mit den Mitteln der Werbesprache die

Stadt Husum als attraktives Urlaubsziel an. Neben der konkreten Benennung der üblichen Attraktionen (Hallenbad, Strände) finden sich in dem Text werbende Begriffe, die beim Leser positive Assoziationen wecken („gesund“, „intakt“, „gepflegt“). Im Vergleich mit diesem werbenden, leicht idealisierenden Text werden die Schüler die Kargheit der Stormschen Stadtbeschreibung gut erkennen. Sie werden sehen, daß es Storm nicht um die Verklärung des äußeren Bildes seiner Heimatstadt geht, sondern um das Bekenntnis einer inneren und von der äußeren Gestalt weitgehend unabhängigen Beziehung. Der Werbetext hingegen muß für jeden potentiellen Besucher die Stadt als verlockendes Ferienziel darstellen. Deshalb gewinnt hier die werbende, um positive Attribute bemühte Sprache („ideal“, „faszinierend“) ein besonderes Gewicht.
Hier sollen drei Varianten der Besprechung vorgestellt werden, die bei der Schüleraktivität einen jeweils andern Schwerpunkt legen und auch unterschiedlich schwierig sind. Der Lehrer sollte anhand seiner Unterrichtserfahrungen und der Übung in der Anwendung dieses Verfahrens sich für den passenden Weg entscheiden.
Variante 1: Die Schüler erhalten den Werbetext der Stadt Husum. Nach der Besprechung bekommen sie den Gedichttext ohne die Adjektive. Diese sind von den Schülern zu ergänzen.
Variante 2: Die Schüler erhalten den Werbetext und sollen nach der Besprechung ein Gedicht schreiben, das eine Art Liebeserklärung an diese Stadt darstellt. Danach erst erfolgt die Konfrontation mit dem Gedicht von Storm.
Variante 3: Die Schüler erhalten das Gedicht ohne die Schlußstrophe. Als Hilfestellung wäre denkbar, daß sie noch die Antithese: „Und doch ...“ bekommen. Sie müssen dann die Schlußstrophe ergänzen. Nach der Besprechung des Originalgedichts sollen sie einen heutigen Werbetext für die Fremdenverkehrswerbung der Stadt Husum schreiben, der möglichst viele Besucher anlocken soll.

Interpretationsskizze

Das Gedicht ist 1851 entstanden und klingt ganz und gar nicht wie das Gedicht eines Vierunddreißigjährigen. Wenn man die wehmütigen Schlußverse liest („Der Jugend Zauber für und für / Ruht lächelnd doch auf dir, auf dir ...“), könnte man eher an den lyrischen Rückblick eines Altgewordenen denken, der in einer träumerischen Anwandlung seine Heimatstadt besingt. Storm hat in Husum, der Stadt, die mit dem Gedicht gemeint ist, lange Jahre seines Lebens verbracht und liegt auch dort begraben.
Das Gedicht zeichnet in den beiden ersten Strophen das Bild einer grauen Stadt in trister, eintöniger Umgebung. Strand, Meer und die Stadt selber werden als „grau“ beschrieben. Viermal wird diese Farbbezeichnung im Gedicht verwendet. Der Hinweis auf den Nebel in Vers drei unterstreicht noch den Eindruck des Grau-Verwaschenen. Im Akustischen findet das Grau eine Entsprechung im

„eintönigen" Brausen des Meeres. In der zweiten Strophe fällt auf, daß der Dichter in zweifach negativer Wendung einen Mangel benennt. Er zeigt, was es in der Stadt nicht gibt: Singvögel und Wald. Statt dessen kann die Stadt mit einem Vogel aufwarten, der alles andere als lieblich zu nennen ist: mit der Wandergans, die mit ihrem „harten" Schrei die Stille zerstört. An grünem Bewuchs hat die Stadt nur das Strandgras, eine relativ primitive – wenn auch nützliche – Bepflanzung zu bieten. Kurzum: Es ist eine Schilderung der Kargheit, mit der Storm in den beiden ersten Strophen den Leser seines Gedichts konfrontiert. Eine Stadt wird beschrieben, die durch nichts Besonderes auf sich aufmerksam macht, die keine Attraktion im Landschaftlichen zu bieten hat, die ganz im Gegenteil durch das Grau in Grau ihrer Farben und ihrer Stimmung eher negative Gefühle beim Leser – und erwartungsvollen Besucher der Stadt – aufkommen lassen muß.
In der dritten Strophe wandelt sich dann das Bild. Das antithetische „Doch" leitet über zur persönlich formulierten Liebeserklärung des lyrischen Sprechers an diese Stadt. Waren die beiden ersten Strophen reine Beschreibung, so formuliert die dritte ein persönliches Bekenntnis: „doch hängt mein ganzes Herz an dir ...". Die innere Beziehung des Sprechens gründet sich auf die hier verbrachte Jugend und auf Erlebnisse, die im Rückblick in zauberhafter Verklärung („Der Jugend Zauber ...") erscheinen. Die mehrfach benutzte persönliche Anrede („Du graue Stadt ..." / „... auf dir, auf dir ...") unterstreicht den Eindruck von persönlicher Zuneigung. Das in dieser Strophe zweimal verwendete „grau" verstärkt den Kontrast zwischen äußerer Kargheit der städtischen Landschaft und der Intimität der Beziehung zwischen Sprecher (Dichter) und Stadt. Überhaupt ist das ganze Gedicht auf diesen Kontrast hin angelegt. Die Schilderung der Stadt in den beiden ersten Strophen, die eher negative Assoziationen weckt, wird wirkungsvoll kontrastiert durch das Bekenntnis persönlicher Zuneigung zu eben dieser Stadt in Strophe drei.
In diesem Gedicht finden sich viele Merkmale Stormscher Lyrik: Verbundenheit mit der heimatlichen Landschaft, genau gesehene landschaftliche Bilder und eine stimmungsvolle Atmosphäre.
Das Metrum des Gedichtes, der Jambus, variiert zwischen vier Hebungen in den Versen eins, drei und vier und drei Hebungen in den verkürzten Versen zwei und fünf. Auch das Reimschema zeigt eine reizvolle Abweichung vom Normalen: Der Kreuzreim wird variiert mit dem Paarreim („schwer" / „Meer"), der an den entsprechenden Stellen ein schwebendes Innehalten bewirkt, bevor der Sprechfluß in dem immer verkürzten Schlußvers zu Ende kommt.

Methodische Hinweise

Hier sollen alle drei angedeuteten Methoden kurz skizziert werden. Bei allen dreien spielt der Werbetext der Stadt Husum eine Rolle. Bei den Varianten eins und zwei erhalten die Schüler diesen Text vor dem Gedichttext. Er sollte eingeführt werden, ohne die Quelle zu nennen. An den Begriffen „Ferienland" oder „Urlaubsangebot" wird er schnell als Werbung für einen Urlaubsort identifiziert werden. Die unbekannten Begriffe sind am Rande des Textes erläutert. Hier könnte vom Lehrer mündlich ergänzt werden, daß der Werbetexter typische Ausdrücke aus dem nordfriesischen Sprachgebrauch verwendet hat, um so die „Authentizität" der werbenden Einladung zu erhöhen. Die dann folgende Analyse des Textes sollte zum Ziel haben, die überwiegend idealisierende Darstellung und den anpreisenden Sprachgestus herauszustellen. Die Ergebnisse sollten als Orientierung für die weitere Vorgehensweise an der Tafel gesammelt werden:

Tafelbild

Husum (Werbetext)

- gesundes Klima
- faszinierende Landschaft
- ideales Ferienland
- seltene Vogelarten
- abwechslungsreiche Erholung

Methode: idealisierende Darstellung
Intention: Werbung von Feriengästen

Wenn die Schüler jetzt (bei Variante eins) beim Gedichttext die weggelassenen Adjektive ergänzen oder gar (bei Variante zwei) ein ganzes Gedicht verfassen sollen (s. A 4.11), werden sie sich in der Regel am positiven Inhalt und am werbenden Gestus des Prospektes orientieren, sie werden also auf eine „falsche Fährte gelockt". Um so überraschender wird dann sein, wenn sie bei Storm (Originalgedicht auf A 3.3) feststellen, daß er eine realistische Beschreibung einer Idealisierung vorzieht, weil es ihm nur auf die innere Beziehung zu seiner Heimatstadt ankommt. Bei der Textfassung für Variante eins – die Ergänzung der Adjektive – erschien es sinnvoll, das adversative „Doch ...", mit dem die Schlußstrophe bei Storm beginnt, durch ein „neutrales" „Es (hängt) ..." zu ersetzen. Wenn die Schüler sich nämlich am Werbetext orientieren, hat der Gegensatz „Doch ..." keinen Sinn. Variante drei geht den umgekehrten Weg. Hier sollen die Schüler, nachdem sie die karge Beschreibung der Stadt in den ersten zwei Strophen kennengelernt haben, das „Doch ..." weiterführen und die Beziehung des Sprechers zu seiner Heimatstadt vervollständigen. Der Lehrer sollte hier natürlich andeuten, daß es sich um eine Art Liebeserklärung an die eigene Heimatstadt handelt. Nach dem Verlesen der Schülerfassungen erfolgt die Besprechung des Originalgedichts von Storm. Im Anschluß daran könnte man mit den Schülern überlegen, wie ein von der Stadt Husum beauftragtes Werbeinstitut die Stadt für Gäste und Besucher anpreisen würde. Als Hausaufgabe könnten die Schüler diesen positiv gestimmten Werbetext schreiben. In der nächsten Stunde werden dann ihre Werbetexte mit dem der Stadt Husum (s. A 4.11) verglichen.

Weiterführungsmöglichkeit – Ein Gedicht über die eigene Stadt verfassen

Jeder Schüler, der in einer Stadt wohnt, hat zu dieser eine ganz besondere Beziehung. Wenn es noch die eigene oder die Geburtsstadt der ganzen Familie ist, dürfte die Beziehung sogar besonders intensiv und innig sein. In dieser Weiterführung sollen die Schüler dazu animiert werden, über ihre eigene Heimatstadt ein Gedicht zu verfassen. Darin sollen – nach dem Vorbild Storms – sowohl beschreibende Teile als auch „bekennende" Passagen enthalten sein. Wenn man Schüler danach fragt, was sie an ihre Heimatstadt bindet, erhält man meistens zuerst sehr allgemeine Antworten wie: „Die Stadt ist mir eben vertraut" oder „Ich kenne hier jede Straße" usw. Es ist also nötig, daß die Schüler, bevor sie sich ans Werk setzen, ihre Haltung zu ihrer eigenen Stadt überdenken. Als gutes Beispiel für ein solches Bekenntnisgedicht kann man den Schülern *„Meine Stadt"* von Josef Reding (s. A 4.12) vorstellen. Es ist leicht zu verstehen und auch hinsichtlich der formalen und sprachlichen Gestaltung einfach. Inhaltlich spielt es ähnlich wie das Storm-Gedicht mit dem Kontrast zwischen den negativen Erscheinungen der Heimatstadt (Schmutz, Lärm, Müllprobleme) und dem Charme, den eine „unaufgeräumte" Stadt für Kinder und Jugendliche hat (Spiel auf dem Müllplatz). Dieser Kontrast wird formal durchgehend in Antithesen gestaltet. Nach diesem Vorbild sollen die Schüler ihre eigene Stadt lyrisch beschreiben. Sie können, wenn ihnen das Reimen zu schwer fällt, sich an der rhythmischen Prosa Redings orientieren. Am sinnvollsten stellt man diese Aufgabe als Hausaufgabe, weil die Schüler dann die für eine solche anspruchsvolle Aufgabe nötige Zeit und Ruhe haben.

Die anschließende Stunde sollte eine Vorlesestunde sein, in der möglichst viele Schüler ihr Gedicht vortragen. Die Diskussion sollte sich dann darum drehen, ob die Gedichte das Charakteristische der Stadt, die ja alle Schüler in der Klasse kennen, einfangen und ob sie die Liebe zur Stadt oder vielleicht auch eine Abneigung gegen dieselbe plausibel und nachvollziehbar gestalten. Zwei per Tonband „vorgetragene" Lieder über zwei Heimatstädte könnten diese Weiterführung abschließen: Hildegart Knef: *Berlin, dein Gesicht hat Sommersprossen* und Herbert Grönemeyer: *Bochum.*

Aufsatzthemen

Didaktische Begründung

Imants Ziedonis: „In einer Stadt"
Die Schüler erhalten ein Aufgabenblatt, auf dem das Gedicht mit verschiedenen Auslassungen abgedruckt ist. Ausgelassen ist in den ersten elf Versen das immer doppelt verwendete Wort „grau" und dann noch der letzte Vers nach „und". Die Schüler sollen den Text ergänzen. (Der dieser Aufgabe zugrundeliegende Ansatz wurde entnommen: Wolfgang Menzel: Vom sprachlichen Handeln zum Text. In: Praxis Deutsch Nr. 123, Januar 1994, Seelze 1994, S. 63 ff.) Hierbei werden mit Sicherheit unterschiedliche Ergebnisse herauskommen. Auch die Lösung des Gedichts im Schlußvers wird bei jedem Schüler eine eigene Realisierung erfahren. Wenn die Schüler anschließend ihr eigenes Produkt deuten, wird der Lehrer erfahren, welche Absicht sie verfolgt und auf welche Wirkung hin sie „ihr" Gedicht konstruiert haben. Bewertet werden sollte dann die Stimmigkeit beider Vorgänge: des Schreibens und Deutens des Gedichtes. Maßstab ist hierbei jedoch nicht das literarische Original, sondern das Gelingen oder Nichtgelingen im Verhältnis zu den anderen Schülern der Klasse.

Joseph v. Eichendorff: „In Danzig 1842" / Wolfgang Borchert: „Großstadt"
Das bekannte Gedicht von Eichendorff, das eine für seine Dichtung und für die Romantik typische Stimmung ausdrückt, wird montiert und vermischt mit einem weniger bekannten modernen Stadtgedicht von Borchert, das an die expressionistische Stadtsicht anknüpft. Die Textmontage (s. A 4.14) erfolgt so, daß immer zwei Verse zusammenbleiben, weil sonst die Rekonstruktionsarbeit zu schwer wäre. Der Hinweis auf die unterschiedliche Entstehungszeit und die verschiedenartige Stimmung der Gedichte soll den Schülern die Arbeit erleichtern. Geübte Klassen werden sich außerdem sehr schnell an formalen Besonderheiten orientieren, die selbst in der Vermengung der Teile noch erkennbar sind: die ähnlich lautenden Versanfänge „Die Göttin Großstadt ..." / „Die Hure Großstadt ..." deuten auf parallel gefügte Strophen hin; der Doppelpunkt nach „Lied" verlangt die Suche nach passenden Liedversen; die Orientierung an vermeintlichen Reimwörtern kann bei der Rekonstruktion weiterhelfen; wenn metrische Kenntnisse in der Klasse geläufig sind, kann man sich an den beiden unterschiedlichen Metren Jambus und Trochäus orientieren. Bei der Reihenfolge der entstandenen Gedichte gibt es nach meiner Erfahrung ab und zu Abweichungen. Beim Borchertgedicht werden die Strophen oft vertauscht, wodurch jedoch die innere Logik (Geburt – Lebensgier – Tod) ihre Stimmigkeit verliert. Das Vertauschen von Strophen bei Eichendorff ist schon weniger problematisch. Abgesehen von der Schlußstrophe, deren Platz unverrückbar erscheint, wären Varianten immerhin

denkbar (z. B. 3 – 1 – 2 – 4). Die anschließende Interpretation eines der Gedichte – mehr ist bei einem Aufsatz wohl nicht zu schaffen – gibt Aufschluß darüber, was der Schüler sich bei seiner Textarbeit gedacht hat. Er muß seine Gedichtfassung plausibel machen. Daran wird er scheitern, wenn er kein halbwegs stimmiges Produkt zustande gebracht hat. Bei den beiden verwendeten Gedichten, die so markant unterschiedlich geartet sind, ist die Gefahr des Scheiterns allerdings recht klein.

Interpretationsskizzen

Imants Ziedonis: „In einer Stadt"
Es ist ein modernes Alltagsgedicht, das der baltische Lyriker in der Zeit des Umbruchs, als die modernen Medien den ehemals tristen Alltag des Sozialismus eroberten, geschrieben hat. Das Bauprinzip des Gedichts ist einfach zu durchschauen. Jeder Vers nennt eine Station der Annäherung an das Fernsehgerät. In schlichten Aussagesätzen, die alle zweimal das Wort „grau" beinhalten, wird der Blick des Lesers auf die genannten Gegenstände gelenkt, dabei immer mehr verengt, gleichsam fokusiert, bis er zum Schluß auf dem Fernseher landet. Das Überraschungsmoment besteht nun darin, daß der 22maligen Nennung von „grau" das Wort Farbfernseher folgt. Dieses Gerät – so die Botschaft des Gedichts – erscheint den Menschen in ihrem grauen Alltag als der erlösende und beglückende Ausweg.

Joseph v. Eichendorff: „In Danzig 1842"
Trotz des individuellen Namens gibt das Gedicht keine konkrete Stadtbeschreibung, sondern schildert Elemente einer phantastischen, märchenhaft anmutenden Traumlandschaft („Bleiche Statuen wie Gespenster" / „Drunten eine Märchenwelt"). Im Mittelpunkt steht die Wiedergabe von Stimmungen und Empfindungen, einer Atmosphäre der Einsamkeit und Verzauberung. Die Beziehung zwischen Natur (Mond) und der von Menschen geschaffenen Stadt wird als harmonisch beschrieben (Personifizierung: „Dem die Stadt gar wohl gefällt"). Durch das Lied des Türmers, das eher ein Gebet ist, erscheint die ganze Szenerie eingebettet in Gottes schützende Hand. Das Wort „uralt" deutet darauf hin, daß Eichendorff mit diesem Gebet die Kontinuität zwischen Vergangenheit und Gegenwart beschwört.

Wolfgang Borchert: „Großstadt"
In der Sprechform des kollektiven Ichs werden drei Stationen genannt, die der Mensch in der Großstadt durchlebt: Geburt – Lebensgier – Tod. Die Geburt wird mit der Metapher des „Ausspuckens" drastisch verdeutlicht. Unfreiwillig wird der Stadtbewohner in diese triste Szenerie hineingeboren („... wüste Meer von Stein"). Das Ergebnis dieses Geburtsvorgangs ist Einsamkeit und Isolation.

Die nächste Station ist die Suche nach dem Lebensglück. Angespielt wird hier auf das Laster in der Großstadt („Hure Großstadt“), dem sich der Mensch in seinen reifen Jahren voller Lebensgier hingibt. Er steht zu seiner Lebensführung, die ihm neben Lust auch Leid beschert, in trotziger Selbstbehauptung („wollten kein Erbarmen“).

Die letzte Station sind Alter und Tod. Jetzt schließt sich der Kreis. Dieselbe Großstadt, die den Menschen ins Leben entlassen hat, ruft ihn nun mit mütterlicher Geste („nimmt sie uns in den grauen Schoß“) wieder zu sich. Die Worte „mild“ und „groß“ lassen darauf schließen, daß der Mensch mit seinem Schicksal nicht hadert, sondern mit ihm ausgesöhnt stirbt. Er weiß sich eingebettet in den großen Kreislauf von Werden und Vergehen in der Natur („ewig orgelt über uns der Wind“). Der Lauf der Natur ist ewig und bemißt sich nicht nach der kurzen Phase der menschlichen Existenz. Auffällig sind bei dem Gedicht die drei Schlüsselwörter „Göttin“, „Hure“ und „Mutter“, mit denen die Großstadt personifiziert wird. Sie fassen in komprimierter Form die Vorstellung zusammen, die der Dichter von der modernen Großstadt hat. Die Lebensspenderin wird zur Verführerin und letztlich dann zur Mutterfigur, die – wenn auch im Tode – Schutz und Geborgenheit gewährt.

Es versteht sich von selbst, daß bei den Interpretationen, die von den Schülern bei den Aufsätzen verlangt werden, nicht die ganze Fülle der hier vorgestellten Deutungen verlangt werden kann. Maßstab muß immer das sein, was die Schüler zuvor im Unterricht gelernt haben und was sie an interpretatorischem Rüstzeug besitzen.

5 Liebesgedichte

Didaktische Begründung

Liebe – eines der ursprünglichsten Gefühle des Menschen – hat sich seit jeher auch eine sprachliche Mitteilungsform gesucht. Der Brief ist eine ihrer ältesten. Mit ihm überbrücken die Liebenden Phasen des Getrenntseins; oft dient er auch dazu, sich im Medium der Sprache der eigenen Gefühle zu vergewissern, ja mitunter das Ende der Liebe zu artikulieren. Ein zweites wichtiges Medium zum Ausdruck von Liebesgefühlen ist das Gedicht – oft in Form des Liedes. Liebe braucht nicht viele Worte; Weitschweifigkeit und Geschwätzigkeit sind ihr fremd; ob im Aufkeimen begriffen oder in der Phase der Entfremdung – stets genügen wenige Worte, die Gefühle auszudrücken, sie in eine bündige Mitteilungsform zu bringen. Die Zahl der Liebesgedichte in der Literatur ist Legion. Die Schule kann sich immer nur eines Teiles der überlieferten Texte annehmen. Sie sollte das gültige, bleibende Liebesgedicht aus dem Kanon genauso würdigen wie das dem Zeitgeist verhaftete, in der jeweiligen Zeit entstandene. Letzteres erleichtert Schülern oft den Zugang, weil sich in ihm Stimmungen wiederfinden, die der Schüler während seiner ersten Liebeserlebnisse vielleicht empfunden haben mag. Bei der Besprechung von Liebesgedichten ist das Alter der Lerngruppe zu beachten. Vor der Pubertät werden die meisten Gedichte den Schülern fremd bleiben; da in heutiger Zeit Freundschaften und Liebschaften schon recht früh begonnen werden, kann der Lehrer das Thema in der 9. und 10. Klasse in den Unterricht einbringen. Bei der Auswahl der Gedichte und bei ihrer Präsentation sollte darauf geachtet werden, daß die Gefühle der Schüler nicht verletzt und Peinlichkeiten vermieden werden. Die äußerlich zur Schau gestellte „Coolness“ ist bei Schülern oft nur Fassade, die das verletzliche Innere notdürftig kaschiert. Deshalb sollte der Lehrer auch im Gespräch über Liebe und Erotik die Gefühle der Schüler ernst nehmen. Auch bei der heutigen Generation frisch Verliebter gilt Heines Motto: „Und wem es just passieret, dem bricht das Herz entzwei.“

Liebe und Leidenschaft

Johann Wolfgang von Goethe: „Willkommen und Abschied“

Didaktische Begründung

Das Gedicht steht in jeder Lyrik-Anthologie. Es ist eines der bekanntesten Liebesgedichte überhaupt. Auch beim wiederholten Lesen besticht es immer wieder durch den furiosen Auftakt („Es schlug mein Herz, geschwind zu Pferde!“). Die unmittelbare Umsetzung eines Affektes (Herzklopfen – Liebesgefühl) in Aktion (Ritt); die innere Erregung und die Hast, die sich auch rhythmisch durch die pochenden Jamben mitteilen, beeindrucken den Leser und noch mehr den Hörer des Gedichts stets aufs neue. Im Fortgang der Handlung kommt an Beeindruckendem noch die atmosphärisch dichte Schilderung der furchteinflößenden Umgebung des Reitenden hinzu. Bis zum Einsetzen der dritten Strophe bleibt tatsächlich unklar, was das Ziel des Reiters ist. Die Textstellen, in denen sich uns der leidenschaftliche Affekt des Reiters mitteilt (I,1/II,16 u. 17), sind nicht eindeutig in Richtung Liebessehnsucht interpretierbar. Dieser Tatbestand bestimmt den hier gewählten Zugang zu diesem Gedicht. Die Schüler erhalten nur die beiden ersten Strophen und sollen dann den Fortgang der Handlung, also das Ziel des Rittes, aus eigener Phantasie ausmalen.

Hier noch einige Anmerkungen zu den zwei Fassungen des Gedichts, die in den Gedichtsammlungen immer zu finden sind. Die erste Fassung des Gedichts ist im Frühjahr 1771 entstanden. Die zweite wurde von Goethe in den „Schriften“ 1789 veröffentlicht. Die erste Fassung erscheint gegenüber der späteren vom Sprachgestus her ungestümer, kühner. Eine wichtige Veränderung erfährt das Gedicht jedoch auch im Inhaltlichen. In der Abschiedsszene in der 4. Strophe verkehren sich die Rollen zwischen dem Liebenden und der Geliebten. Während in der Urfassung der stürmische Geliebte in Tränen dem weggehenden Mädchen nachschaut, geht in der zweiten Fassung der Mann und hinterläßt das weinende Mädchen. Die Deutlichkeit, mit der die erste Fassung die Affekte des Mannes ausmalt, scheint den reiferen Goethe gestört zu haben. Die nachträgliche „Richtigstellung“ durch den Dichter hat sicher einen Grund darin, daß Goethe in der klassischen Periode seines Schaffens die distanzlose Mitteilung von Gefühlen als unpassend empfunden haben wird.

Einen zweiten Grund entdeckt man, wenn man die Umstände der Entstehung der ersten, noch unmittelbar wirkenden Fassung biographisch untersucht. Da sie im Nachlaß Friederikes zu finden ist, kann man annehmen, daß Goethe ihr dieses Gedicht anläßlich der vielen Begegnungen und der vielen täglichen Abschiede geschenkt hat. Gemeint ist also nicht der endgültige Abschied von der Geliebten, sondern die sich häufig wiederholenden Trennungen. In der späteren Fassung, die viele Jahre nach der endgültigen Trennung von Friederike entstanden

ist, hat Goethe dann den Abschiedsschmerz seiner verlassenen Geliebten in den Mittelpunkt gerückt und damit eine Passage in „Dichtung und Wahrheit" bestätigt, wo es heißt: „Als ich ihr die Hand noch vom Pferde reichte, standen ihr die Tränen in den Augen ..." (Goethe: Werke. Hamburger Ausgabe. München 1981, Bd. 9, S. 520f.).
Wenn in dieser Sequenz die Entscheidung für die zweite Fassung fällt, hat dies methodische und nicht literarhistorische Gründe. Das Erraten des weiteren Handlungsgangs, des Zieles des Rittes, läßt sich mit der zweiten Fassung besser verwirklichen. Sie engt nämlich die Möglichkeit des Ratens und Spekulierens nicht so ein wie die erste Fassung. Dort heißt es z. B.: „Und fort, wild wie ein Held zur Schlacht." Durch den Vergleich wird für die Schüler eine Möglichkeit schon ausgeschlossen: der Ritt in den Krieg.
Bei der Einbindung des Gedichts in eine Sequenz „Liebesgedichte" auf der Sekundarstufe I wird der literarhistorische Aspekt des Gedichts ohnehin in den Hintergrund treten. Der Lehrer wird am Ende, wenn die Auflösung des Rätsels erfolgt ist, beiläufig erwähnen, in welcher Zeit das Gedicht entstanden ist und daß dieses Gedicht fast programmatisch steht für das Zeitgefühl jener Epoche. Wenn auf der gymnasialen Oberstufe der Sturm und Drang thematisiert wird, kann der Lehrer auf dieses Gedicht zurückgreifen. Dabei wird er in der Regel die beiden Fassungen gemeinsam präsentieren und die Unterschiede für eine anregende Diskussion nutzen.
Um den Effekt des Einstiegs in die Besprechung des Gedichts in dieser Stunde nicht zu gefährden, sollte der Lehrer anfänglich nicht verraten, daß es sich um eine Einheit mit Liebesgedichten handelt. Deshalb wurde dieses Gedicht auch an den Anfang der Sequenz gestellt.

Interpretationsskizze

Die innere Gliederung des Gedichts weist drei Teile auf, die jeweils eine unterschiedliche Situation schildern:

1. Ritt durch die Nacht (Strophen 1 und 2)
2. Wiedersehen mit der Geliebten (Strophe 3)
3. Abschied (Strophe 4)

Der dazwischenliegende Aufenthalt fehlt in der Darstellung. Die Liebesbegegnung wird nur angedeutet: „Und Zärtlichkeit für mich – ihr Götter/Ich hofft es, ich verdient' es nicht!" Überhaupt ist die Darstellung der drei „Stationen" unterschiedlich lang ausgefallen. Sehr viel Raum nimmt der Ritt durch die nächtliche Landschaft ein. Durch die Verteilung auf zwei Strophen und die dramatische Art der Darstellung gewinnt dieser Teil eine gewisse Eigendynamik. In einer Rei-

hung von sich steigernden Substantiven (Abend – Nacht – Nebelkleid – Riese – Finsternis – Ungeheuer) wird das Bild einer gespenstischen, dämonisch überhöhten Naturszenerie entworfen. Übertreibende („hundert“, „tausend“) oder stimmungserzeugende Adjektive („schauerlich“) unterstreichen den Eindruck des Unheimlichen, Überwirklichen. Die Natur erscheint als belebte („Wo Finsternis ... sah“) und belebende („Die Nacht schuf ...“) Umgebung zugleich. Personifikationen („Der Mond sah ...“) und dynamische Verben („umsausten“) unterstreichen den aktiven Gestus der Naturerscheinungen.
Der reitende Geliebte scheint sich am Wilden, Ungezähmten und Bedrohlichen der Natur messen zu wollen („Doch frisch und fröhlich war mein Mut“). In der ersten Fassung heißt es noch deutlicher: „Noch tausendfacher war mein Mut“. Diese Art der Ausmalung der nächtlichen Umgebung folgt einer psychologischen Wahrheit. Je furchteinflößender die Hindernisse sind, die man überwinden muß, um zur Geliebten zu gelangen, desto tieferer Gefühle kann sich der mutige Held dann rühmen. Deshalb spricht man auch in der Liebe von „Erobern“, als handele es sich bei der Geliebten um eine bewehrte Festung.
Auffällig ist bei der Beschreibung der Leidenschaft des Reiters eine Feuermetapher: „In meinem Herzen welche Glut!“ In der ersten Fassung kommt die Ambivalenz dieser Assoziation deutlicher zum Ausdruck als in der zweiten. Die wärmende und zugleich verzehrende Wirkung des Feuers stehen für Begierde und Verlust in der Liebe. Goethe sprach einmal hinsichtlich der Liebe von der Kerze, die scheint und sich dabei verzehrt.
Mit einer Inversion („Dich sah ich ...“) setzt die nächste Situation im Gedicht ein. Die erste Fassung beginnt noch ichbetont („Ich sah dich ...“). In der zweiten Strophe erscheint die Leidenschaft des Geliebten sichtlich gedämpft. Die Begegnung der Liebenden vollzieht sich in visueller Interaktion („Dich sah ich ...“ / „... süßen Blick auf mich“). Sie steigert sich über die gefühlsmäßige Nähe („mein Herz an deiner Seite“) bis zur körperlichen Begegnung („In deinen Küssen welche Wonne“). Allerdings ist hier schon der Abschiedskuß gemeint. Was sich zwischen Empfang und Abschied zugetragen hat, wird nicht benannt, lediglich angedeutet: „... Zärtlichkeit ... ich hofft es ...“ Auffällig ist, daß das Gedicht bei der Schilderung der Liebesbegegnung ganz auf den Dialog verzichtet, als wollte es sagen, daß die Liebe keiner Versprachlichung bedarf.
Eine weitere abrupte Brechung leitet die Abschiedsszene ein („Doch ach!“). Zärtlichkeit und Wehmut des Abschieds münden in den hymnischen Lobpreis der Liebe. Aktiv („lieben“) und Passiv („geliebt zu werden“) verbinden sich zum Glück der Liebe. Die Wechselseitigkeit des Rollenspiels in der Liebe, die durch die Textänderung der zweiten Fassung eine Abschwächung erfährt, findet in den beiden Schlußversen eine einfache – auch grammatische – Bekräftigung.
In der Mitte des Gedichts gibt es nicht nur inhaltlich gesehen eine Zäsur (Wechsel von Szenerie und Situation), sondern auch den Wechsel zu einer anderen, einer gemilderten Tonlage. War das sprachliche Material der beiden ersten Strophen dazu angetan, eine furchteinflößende, schaurige Umgebung zu malen (Adjektive: „schwarz“, „kläglich“, „schauerlich“), so geben die in der dritten Strophe verwendeten Adjektive („mild“, „süß“, „rosenfarbnes“, „lieblich“) eine ge-

löste Stimmung wieder. Dieser Wechsel in der Tonlage wird durch einen Wandel im Sprachklang der Vokale unterstrichen. Dominieren in den beiden ersten Strophen die dunklen Tonlagen (a – o – u und im lautmalerischen „umsausten schauerlich“), so herrschen in Strophe drei die hellen Vokale und Umlaute vor (i – e – ü). In der Abschiedsszene (Strophe 4) stehen sich die dunklen Vokale a – o und die hellen Laute e – i – ü unmittelbar gegenüber und geben so die „gemischten“ Gefühle des Abschieds adäquat wieder.
Das Versmaß des Gedichts ist der jambische Viertakter, der an einigen Stellen durch rhythmische Akzentuierungen eine Variation erfährt. Der durchgehend verwendete Kreuzreim erfährt eine Variation durch den Wechsel von klingenden und stumpfen Kadenzen. Anaphern („Und doch ...“/„Und lieben ...“), Parallelismen (IV, 3 und 4) und emphatische Ausrufe geben dem ganzen Gedicht eine ungestüme Nachdrücklichkeit.

Methodische Hinweise

Die Schüler erhalten von dem Gedicht nur die ersten beiden Strophen. Dabei kann man unterschlagen, daß es sich nur um den Teil eines Gedichtes handelt. Die Schüler werden dies von alleine herausfinden, da durch den „Schlußvers“ („In meinem Herzen welche Glut!“) keinerlei Abschluß gegeben ist. Dieser Abbruch verlangt geradezu nach einem Mehr an Handlung, nach der Auflösung der Frage, wohin denn der stürmisch Aufgebrochene reite. Diesen Handlungsfortgang sollen die Schüler erfinden. Die hierfür passende Textform ist der innere Monolog, also die Gedankenrede des Reitenden. Er teilt dem Leser seine Gedanken über das bisher Geschehene, über Anlaß und Motiv für den Aufbruch, den glücklich geleisteten Ritt durch den nächtlichen Wald, aber auch seine Erwartungen hinsichtlich des Zieles mit. Wenn den Schülern durch die einfache Benennung der Textform „innerer Monolog“ die Aufgabe nicht klar wird, sollte der Lehrer dies anhand einer Vorlage illustrieren. Der folgende kurze Auszug aus „Fräulein Else“ von Arthur Schnitzler ist dafür gut geeignet:

> Was ist denn? Wo bin ich denn? Habe ich geschlafen. Ja. Geschlafen habe ich. Ich muß sogar geträumt haben. Mir ist so kalt in den Füßen. Im rechten Fuß ist mir kalt. Wieso denn? Da ist am Knöchel ein kleiner Riß im Strumpf. Warum sitze ich denn noch im Wald? Es muß ja längst geläutet haben zum Diner, Dinner.

Erfahrungsgemäß nennen die Schüler als Ziel des Rittes ein verabredetes Duell, eine Schlacht im Krieg, eine Hilfestellung für einen Freund und natürlich auch eine Verabredung mit einer Geliebten oder Freundin. Die Vielzahl der Möglichkeiten, die auf dieser Stufe der Textkenntnis alle noch plausibel sind, ergibt sich

aus der Allgemeinheit des leidenschaftlichen Affektes, die eine vorschnelle Eingrenzung auf den Bereich der Liebe nicht zuläßt. Die Widrigkeit der Umgebung, die wie ein Feind den „Helden“ herausfordert, unterstreicht eher die Annahme, der Reiter reiste in irgendein Kampfgetümmel. Allenfalls der Schlußvers des Textfragments („In meinem Herzen welche Glut!“) könnte die Schüler auf die richtige Fährte führen. Das Herz als traditioneller Ort der Liebesgefühle ist ihnen wohl so vertraut, daß sie daraus den richtigen Schluß ableiten können. Die Monologe der Schüler sollten möglichst so verlesen werden, daß die ganze Streubreite der Alternativen deutlich wird. Ein Kriterium bei der Diskussion sollte die Frage sein, ob der Monolog die anfangs erzeugte ungestüme Stimmung adäquat fortsetzt oder, falls ein Stimmungsbruch erfolgt, dieser sinnfällig aus der Handlung abgeleitet wird. Erst nach einer ausführlichen Besprechung der Schülertexte erhält die Klasse die beiden Schlußstrophen. Aus den Aha-Bekundungen (‚Wußt’ ich es doch!‘) einiger Schüler sollte der Lehrer Kapital schlagen und nach der Vorstellung von Liebe fragen, die hier – gerade auch in den beiden ersten Strophen – zum Ausdruck kommt. Dies führt zu einer genauen Analyse des Gedichts, vor allem der dargestellten Rollenbeziehung der Geschlechter.
Wenn gewünscht, kann danach der biographische Hintergrund der Entstehung des Gedichts – die Liebe Goethes zu Friederike Brion – durch einen kurzen Lehrervortrag einbezogen werden. Als Quelle ist das 11. Buch von „Dichtung und Wahrheit“ zu empfehlen.
Die Analyse formaler und sprachlicher Aspekte schließt die Besprechung des Gedichtes ab.

Weiterführungsmöglichkeit

a) Einen Antworttext schreiben

Reizvoll wäre es, den Schülern einen Briefauszug zu geben, in dem Goethe seinen Abschied von Friederike Brion beschreibt (s. A 5.2). In ihm wird deutlich, wie die Verlassene darunter leidet und welches Ausmaß an Schuldgefühlen der Dichter empfindet. Es ist von einer „Antwort Friederikes“ auf einen schriftlichen Abschied die Rede. Die Schüler könnten nun diese Antwort – naheliegend ist die Briefform – verfassen. Sie müssen sich in die Lage des Mädchens hineinversetzen und ihren Gefühlen Ausdruck verleihen.

b) Einen Gedichtschluß erraten

Johann Wolfgang von Goethe: „Rastlose Liebe“ und Ulla Hahn: „Nie mehr“
Beide Gedichte variieren das Thema „Leidenschaft in der Liebe“, das eine im Duktus des Sturm und Drang (wiewohl erst 1776 in Weimar entstanden), das andere modern, im Zeitgefühl der Gegenwart. Bei beiden ist der gewählte Schluß überraschend, nicht unbedingt ableitbar aus dem Anfang. Deshalb wäre es eine

anregende Aufgabe für die Schüler, nach der Besprechung des Gedichtanfangs sich das Ende selber auszudenken und es aufzuschreiben.

Kurzinterpretationen

Goethes „Rastlose Liebe“ formuliert ein scheinbares Paradox, weil es die Leichtigkeit der Leiden gegen die Last der Freuden stellt. Es will damit nichts anderes aussagen, als das, was die griechische Philosophie schon wußte: daß Glück und Leid letztlich dieselben Wurzeln haben. Die Liebe schafft Leiden – das ist der Sinn des Wortes „Leidenschaft“ –, die schwerer zu ertragen sind als die profanen Leidenswege, wie hier z. B. der Kampf mit den Unbilden der Witterung. Das Gedicht versucht die Versöhnung der Extreme in der dritten Strophe, wenn es zum Lobpreis auf die Liebe ansetzt – trotz der mit ihr verbundenen Schmerzen. „Krone des Lebens“: hier gewinnt Liebe fast den Stellenwert eines heiligen Vorganges.

Im Sprechduktus wird der dreiteilige Aufbau, die innere Gliederung des Gedichts, nachempfunden: Ellipsen, Paarreime, Aufzählungen und das variierende Metrum (Jambus, dann Trochäus) schaffen den Eindruck von Hektik und Gehetztsein.

Die ebenmäßige Syntax, die durchgängig verwendeten Enjambements, schaffen zusammen mit dem daktylischen Tonfall in der zweiten Strophe eine ruhige, gemessenere Stimmung. Die Schlußstrophe bringt zuerst zwei aufgewühlte Fragen, die durch die Ellipse „Alles vergebens!“ beantwortet werden. Die Lobeshymne auf die Liebe ist dann die nachgereichte Begründung dafür, daß der Liebende auf dieses „Lebenselexier“ trotz aller Irritationen nicht verzichten möchte.

Ulla Hahns „Nie mehr“ schildert typische alltägliche Situationen einer Verliebten (eine weibliche Sprecherin unterstellt), die sich gegen das Gefühl, das sie wieder einmal zu überwältigen droht, zu wehren sucht. Sie tut es mit der beschwörenden Formel „Das hab ich nie mehr gewollt“, die sie fünfmal wiederholt. In diesem Gedicht klingt ein emanzipatorischer Ton an: Die Frau empfindet den Zustand des Verliebtseins als erniedrigend, weil durch ihn nicht nur körperliche Symptome ausgelöst werden („mich linksseitig quälen“ – Herz!), sondern auch ihre Vorstellung von Selbstbestimmung und Eigenständigkeit gefährdet ist: „um das Telefon streichen am Fenster stehn/keinen Schritt aus dem Haus gehn.“ Selbst das Irrationale ist in diesem Zustand im Bereich des Möglichen („Gespenster sehn“). Die Reihe der Klagen gipfelt in dem Fluch „Soll dich der Teufel holen“, der jedoch durch das nachfolgende „Herbringen. Schnell“ in sein genaues Gegenteil verkehrt wird. Die Schlußzeile gibt zu erkennen, daß letztlich nichts anderes als das Zusammensein mit dem Geliebten ihr Wunsch gewesen ist, was immer sie auch vorgeschützt oder als Abwehrgeste formuliert hat. Der abrupt ausgestoßene Wunsch („Herbringen. Schnell“) klingt wie das mit schlechtem Gewissen formulierte Dementi all der Rationalisierungen des Gedichtanfangs. Auch dieser Schluß ist ein – freilich unausgesprochener – Lobpreis auf die Macht der Liebe.

Die Schüler werden in der Regel Gedichtschlüsse verfassen, die die Logik des eingangs Gesagten fortschreiben. Bei Goethe allerdings werden einige Fassungen die Frage nach dem Wohin der Flucht „resignierend“ mit einem „Es nützt nichts, der Liebe kann man sowieso nicht entfliehen“ beantworten. Bei Ulla Hahn legen die feministischen Zwischentöne schon eher ein Verstoßen des Partners und eine endgültige Abwendung von ihm nahe. Um so überraschter sind die Schüler, wenn sie auch hier eine „Kapitulation“ vor der Allmacht der Liebe wiederfinden.

Was ist die Liebe?

Bertolt Brecht: „Die Liebenden“

Didaktische Begründung

Jugendliche werden heute schon frühzeitig mit Liebesvorstellungen vertraut gemacht. Ihr wichtigstes Lehrmedium ist dabei das Fernsehen. Die Muster sind dabei in aller Regel trivial, wenn man von anspruchsvollen Filmen, die erst zu später Stunde im Fernsehen gesendet werden, absieht. Liebe wird trotz aller kurzfristigen Irritationen und Kämpfe letztlich als ewiges Gefühl, als totale Harmonie der Liebenden gesehen. Tucholsky verspottete solche Darstellungen in den 20er Jahren schon mit dem Vers: „Darum wird beim Happy End im Film gewöhnlich abgeblendt'“. Viele Jugendliche wissen aus eigener Anschauung, daß Liebe ein zerbrechliches, vergängliches Gefühl ist. Zu viele Ehen geraten heutzutage in die Krise, werden geschieden. Die Zahl der Scheidungs- oder Trennungswaisen unter den Jugendlichen der Ballungszentren ist enorm angewachsen. Deshalb kann man, wenn man das Gedicht von Brecht „Die Liebenden“ im Unterricht bespricht, bei vielen Schülern eine Mischung aus illusionärer Hoffnung auf die ewige Liebe und einer durch die Realität erzeugten Illusionslosigkeit voraussetzen. Das Brecht-Gedicht betont ausdrücklich den gesellschaftlichen Charakter von Liebe, stellt also den Vorstellungen in der traditionellen Liebeslyrik ein modernes Gegenbild zur Seite. Liebe wird nicht als rein menschliches Gefühl gesehen, das sich immer gleichbleibt, sondern als ein Verhalten von Menschen in einem bestimmten gesellschaftlichen Kontext. Dies wird besonders deutlich, wenn man den ursprünglichen Zusammenhang, in dem diese Verse stehen, betrachtet. Sie stammen aus der 14. Szene der „Oper“ *„Aufstieg und Fall der Stadt Mahagonny“* aus den Jahren 1928/29. In der desillusionierenden Atmosphäre eines Bordells singen sich die beiden „Liebenden“ Paul und Jenny die Verse rollenverteilt zu. Paul hat Jenny als Hure kennengelernt, sich dann aber in sie verliebt; sie bleiben dann für längere Zeit zusammen. Liebe, so die Botschaft dieses Stückes, ist in einer Gesellschaft, in der das Geld eine wichtige Rolle spielt, auch käuflich, zumindest den Gesetzen des Geldes unterworfen. Das Duett geht der Frage nach, ob unter diesen gesellschaftlichen Bedingungen Liebe trotzdem stattfinden kann. Der Schlußvers formuliert die Antwort als eine Art Fazit: Es geht (anscheinend/scheinbar); Liebe kann denen, die durch sie verbunden sind, einen (kurzfristigen) Halt geben. Die Opernszene bei Brecht schließt mit dem berühmten Motto der materialistischen Welt: „Erstens, vergeßt nicht, kommt das Fressen/Zweitens kommt der Liebesakt ..." Die rohe Diktion und die weiteren körperlichen Gelüste, die genannt werden („Boxen" und „Saufen"), sollen anschaulich machen, daß in einer Gesellschaft, die Brecht für heillos zerrüttet hält („Nichts als Unruhe und Zwietracht/Und nichts, woran man sich halten kann" – singt Willy, der Prokurist), jeder nur sein Heil in der Befriedigung körperlicher Bedürfnisse sucht. Die Liebe ist dabei eines davon.

Das Gedicht ist für Schüler nicht leicht zu verstehen. Dazu trägt vor allem das ungewöhnliche Bild der Liebenden bei (Wolke – Kranich). Auch die kunstvolle Art der Versverschränkung macht ein unmittelbares Verständnis des Gedichtes für Schüler nicht gerade leicht. Während im Dialog des Originals die beiden Liebenden jeweils einen (manchmal auch zwei) Vers(e) sprechen, sind die Verse in der Gedichtfassung fortlaufend durch Reime aufeinander bezogen, bzw. miteinander verschränkt: ababcbcdc ... Nur bei den fünf letzten Versen finden sich Paarreime. Deshalb soll die Erschließung durch gezielte Leitfragen geschehen. Der produktionsorientierte Ansatz besteht dann darin, daß die Schüler die Passagen, in denen Brecht seine Auffassung von der Flüchtigkeit der Liebesbeziehung in zugespitzter Form äußert, selber ergänzen sollen (s. A 5.4). Außerdem sollen sie das im Schlußvers formulierte Fazit herausfinden. In der Regel geben Schüler, wenn sie diese Aufgaben lösen sollen, ihrem Harmoniebedürfnis nach. Sie verlängern die „harmonischen Vorstellungen" aus dem ersten Gedichtteil („beieinander liegen"/„sich bleiben"/„einander ganz verfallen") in den Schlußteil hinein. Aus der Überraschung, die entsteht, wenn sie mit dem apodiktischen „Bald" konfrontiert werden, kann dann eine fruchtbare Diskussion über den Brechtschen Liebesbegriff und dessen Berechtigung entstehen. Der Lehrer sollte während der Besprechung auf alle Fälle einfließen lassen, aus welchem ursprünglichen Kontext dieses Gedicht genommen worden ist. Nur so wird auch die sexuelle Komponente, die im Gedicht anklingt, den Schülern deutlich („beigegeben", „beieinander liegen").

Interpretationsskizze

Brecht betont in diesem Gedicht im Gegensatz zur traditionellen Liebesmetaphorik durch das Bild vom Kranich und der Wolke das Flüchtige und Vergängliche in der Liebe. Unterstrichen wird dies durch zahlreiche Zeitadverbien („schon, kurz, jetzt, lange, bald" usw.). Das Gedicht ist inhaltlich und auch for-

mal deutlich in zwei Teile gegliedert. Im ersten Teil (Vers 1–19) wird in immer neuen bildlichen Vorstellungen die Harmonie und der Gleichklang der Liebenden betont: Formulierungen wie „gleiche Höhe“/„mit gleicher Eile“ unterstreichen den synchronen Aspekt der Zweieinigkeit. Das Schöne („Himmel“!) miteinander zu teilen (Verse 7/8), erinnert an die klassische Vorstellung von Liebe. Der triviale Schlager besingt den „siebten Himmel der Liebe“. Das „Wiegen“ betont das Harmonische der Liebe, die Wörter „beieinander liegen“ das körperliche Beieinandersein, durchaus auch im sexuellen Sinne. In „sich bleiben“ und „einander ganz verfallen“ drückt sich das seelische Miteinander aus, der absolute Gleichklang, der bis zum Verlust der Individualität gehen kann. Dieser Art von intensiver Liebe können Gefährdungen aus dem gesellschaftlichen Umfeld (metaphorisch: „Wo Regen drohen oder Schüsse schallen“) nichts anhaben.
Im zweiten Teil des Gedichts (Vers 20 bis Schluß) wird im syntaktisch verknappten Frage-Antwort-Stil das in den Augen Brechts Wesentliche der Liebe formuliert: Richtungslosigkeit („Nirgend hin“), Selbstgenügsamkeit („Von allen“), Zeitlosigkeit und Vergänglichkeit („Seit kurzem“/„Bald“). Liebe ist gefährdet und vergänglich, dennoch kann sie den Liebenden Halt gewähren. Zweimal wird das Wort „scheinen“ verwendet (V. 6 u. 23); der Halt, so der Sinn dieser Relativierung, ist nur Schein, dennoch klammern sich die Liebenden daran.
Die Syntax des Gedichts hat eine unterschiedliche Gestalt. In den Versen 1–6: ganze Sätze (Aufforderung am Anfang; dann hypotaktisches Gefüge); von V. 7–12: Nebensätze ohne grammatischen Bezug; zum Schluß (V. 20–22): kurze Fragen mit knappen Antworten. Ein normaler Aussagesatz rundet das Gedicht ab. Wie oft bei Brecht zeigt das Gedicht gestische Züge: „Seht“ als Anfangswort; „Ihr fragt“ – die Frage an den Leser (V. 21). Einfühlende Identifikation soll verhindert, Nachdenklichkeit gefördert werden.

Methodische Hinweise

Die Schüler erhalten das Gedicht in der Fassung mit den Aussparungen im Schlußteil (s. A 5.4). Die Lücken sollen zu Beginn der Besprechung noch keine Rolle spielen. Das Gedicht wird so interpretiert, als wäre es vollständig. Nach dem lauten Vorlesen (bis „ganz verfallen“) werden mittels Leitfragen die wichtigsten Sachverhalte geklärt. Die Frage: Wer sind die beiden Liebenden? führt die Schüler zu einer genauen Textanalyse und dem Ergebnis, daß hier – merkwürdigerweise – von einer Wolke und einem Kranich die Rede ist. Die Diskussion über das Ungewöhnliche des Bildes führt schon zu ersten Vermutungen über die damit verbundene Absicht des Autors. Vielleicht soll das Flüchtige (Wolke) der Liebesbeziehung angesprochen werden. Mit der zweiten Leitfrage: Welches Bild entwirft das Gedicht von der Liebe? werden die Schüler angeregt, die wichtigsten Bilder des ersten Teils zu deuten. Sie werden erkennen, daß hier das Miteinander und Füreinander in der Liebe betont wird. An dieser Stelle soll dann die Eigentätigkeit der Schüler einsetzen. Der Lehrer gibt dazu den Anreiz, indem er auf die Lücken im Text verweist und anmerkt, daß Brecht auf die vier übriggebliebenen Fragen relativ kurze Antworten gegeben hat, die seine Vorstellung von der Liebe bündig zusammenfassen. Im Kasten fehlt eine Art Fazit oder Schlußwort. Die Schüler erhalten den Auftrag, die Lücken durch eigene Formulierungen auszufüllen.

Nach den Erfahrungen, die mit dieser Aufgabe gemacht wurden, lassen sich die Schüler von den „harmonischen Stellen“ des oberen Textteils „blenden“. Sie schreiben deshalb in der Regel auch auf Harmonie angelegte Schlüsse. Bei „Wohin, ihr?“ kommt oft die Antwort: auf eine einsame Insel! – bei „Von wem davon?“: weg vom tristen Alltag, von den „nervenden“ Eltern oder der öden Schule. Der größte Unterschied zu Brecht besteht immer bei der Frage: „... wann werden sie sich trennen?“ Hier reicht die Palette der Antworten von „niemals“ bis „erst, wenn wir uns nicht mehr verstehen“. Beim Fazit der Schlußzeile gibt es sehr unterschiedliche Schülermeinungen. Wenn die Schüler vom Harmonischen des oberen Textteils besonders angesprochen worden sind, werden sie Dauer und Beständigkeit der Liebe betonen. Schüler, die Brecht etwas besser kennen, werden vielleicht gesellschaftliche Bedingungen der Liebe mit in ihr Fazit aufnehmen. Ausgehend von den Schülerfassungen, die mit dem Original konfrontiert werden, sollte dann eine abschließende Diskussion über die zentrale „Botschaft“ des Gedichtes stattfinden. Sie wird sich in aller Regel an dem scheinbar paradoxen Gegensatzpaar „Bald“ – „Halt“ entzünden.

Als Abschluß kann der Lehrer die kurze 14. Szene des „Mahagonny“-Stückes mit verteilten Rollen lesen lassen bzw. eine Schallplatten-Aufnahme vorspielen. Durch diesen Kontext wird deutlich, daß Brecht zeigen will, daß selbst in widriger gesellschaftlicher Umgebung (Kapitalismus: „Daß man hier alles dürfen darf. [Wenn man Geld hat]“/Bordell) die Liebe einen Sinn hat, weil sie Menschlichkeit erzeugt.

Weiterführungsmöglichkeit

Rainer Maria Rilke: „Liebes-Lied“ und Ulla Hahn: „Irrtum“

Mit zwei Liebesgedichten, die ebenfalls die Frage aufwerfen, was Liebe sei, kann man das angeschnittene Thema vertiefen. Das eine ist das bekannte Gedicht „Liebes-Lied“ von Rainer Maria Rilke. Das zweite Gedicht „Irrtum“ von Ulla Hahn stammt aus dem 1988 veröffentlichten Gedichtband „Unerhörte Nähe“.

Rilke versucht, das Unbegreifliche der Liebe in ein Bild zu fassen. Der Gleichklang zweier Liebender sei wie der Klang eines „Instruments", wenn mit dem Bogen aus zwei Saiten eine Stimme erzeugt wird. Trotz dieses Versuchs der bildhaften Erhellung des Liebesgefühls bleibt ein unerklärlicher Rest. Der Urheber des Saitenspiels und die Art des Instruments bleiben im dunkeln. Das Gedicht beginnt scheinbar paradox, wenn der Sprecher nach Wegen fragt, wie er sich vom Liebespartner weg und anderen „Dingen" zuwenden könne. Diese Fluchttendenz setzt sich fort, wenn vom Wunsch die Rede ist, sich „im Dunkel" und an einer „fremden stillen Stelle" zu verbergen. Wie soll man sich dies erklären? Ist der Liebhaber vom Gefühl so überwältigt, daß er seine Individualität zu verlieren fürchtet? Oder möchte er nur testen, wie weit die Anziehung des Liebespartners reicht („wenn deine Tiefen schwingen")? Die Antithese „doch" führt zum Eingeständnis, daß eine Flucht letztlich nicht möglich ist, weil das Liebesgefühl allgegenwärtig ist. Dem Sprecher bleibt schließlich nur noch das Bekenntnis, daß die geheimnisvolle Verbindung zweier Menschen durch die Liebe schön und befriedigend ist („O süßes Lied"). Das Gedicht ist kunstvoll gebaut: Im ersten Teil (Verse 1–7) folgt auf zwei Fragen ein Wunsch, bevor die Antithese zum zweiten Teil überleitet (Verse 8–13). In diesem wird das zentrale Bild ausgeführt (Verse 8–10). Zwei weitere Fragen (11, 12) und das syntaktisch verkürzte Bekenntnis schließen das Gedicht ab. Diese innere Gliederung zeigt, daß die Liebe für den Sprecher in erster Linie etwas Unbegreifliches ist, das er durch Fragen zu erhellen sucht.

Auch das Gedicht von Ulla Hahn versucht, sich dem Wesen der Liebe durch Bilder zu nähern. Der frische Schnee zeigt das Zarte, Weiche der Liebe; das Feuer die Leidenschaft und Glut. Beide Eigenschaften haben jedoch auch negative Seiten: Der Schnee schmilzt dahin, das Feuer hat eine vernichtende Kraft. Im Schönen der Liebe liegt letztlich ihr Ende, ihr Erlöschen verborgen. Auch in diesem Gedicht gibt es in der Mitte eine Wende, die zeigen soll, daß trotz der rationalen Bedenken, daß die Liebe nicht von Dauer ist, die Liebespaare sie doch immer wieder praktizieren („So griff/er nach ihr sie schlugs nicht aus"). Die von den beiden Liebenden getroffenen negativen Voraussagen („bleibt nicht liegen"/„verzehrt") treffen tatsächlich ein, allerdings in verwandelter, positiver Form: „Er schmolz" und „sie ward verzehrt". Das „Dahinschmelzen" und „Verzehrtwerden" zeigt hier die wahre Tiefe und Macht der Liebe. Das Gedicht schließt mit der paradoxen Feststellung, daß Liebende sich lieben, obwohl sie nicht an die ewige Liebe glauben. „So scheint – könnte man das Brechtsche Motto auf dieses Gedicht übertragen – die Liebe Liebenden ein Halt".

Auch dieses Gedicht zeigt eine kunstvolle Gliederung. Es ist dialogisch aufgebaut. Der Rede des Mannes („sprach er") folgt die der Frau („sie darauf") und abschließend zur Bekräftigung der gemeinsamen Bedenken: „So sprachen sie." Dann folgt die Schilderung des „Liebesvollzuges", der durchaus dem herkömmlichen Rollenschema gehorcht („so griff er nach ihr"). Die in ein Paradox gekleidete „Auflösung" des Rätsels Liebe folgt in der Schlußstrophe. Das Gedicht ist

untergründig ironisch. Es persifliert die moderne Form des permanenten Sprechens über Intimes, des rationalen Zergliederns von letztlich Unergründlichem. Wir leben in einer Zeit, so vielleicht die Botschaft des Gedichts, in der man ständig definiert, was man tut. Das Tun selber gehorcht jedoch dann anderen, kaum begreifbaren „Gesetzen“.
Methodisch könnte man bei beiden Gedichten so verfahren, daß man den Schülern jeweils nur den ersten Teil aushändigt (bei Rilke bis „deine Tiefen schwingen/Doch ...“, bei Hahn bis „So sprachen sie und ...“). Ausgehend von den Wörtern „Doch“ und „und“ soll dann der weitere Fortgang der Gedichte erraten und formuliert werden.

Das Ende der Liebe

Joseph von Eichendorff: „Das zerbrochene Ringlein“

Didaktische Begründung

Jeder Jugendliche wird irgendwann einmal die Erfahrung enttäuschter oder zerbrochener Liebe machen. Gerade bei der ersten Liebe werden Trennungsschmerz und Liebesverlust als besonders grausam erlebt, kann sich doch der Liebende nur sehr schwer vorstellen, jemals wieder einen solch „idealen“ Menschen zu finden und lieben zu können. In Zeitschriften für Jugendliche wie z. B. BRAVO wird immer wieder Lebenshilfe für diejenigen unter den jungen Lesern angeboten, die vor Liebeskummer „fast vergehen“ wollen. Die Ratschläge sind natürlich alle gut gemeint (sich ablenken, Sport treiben, Musik machen, der Angebeteten aus dem Weg gehen usw.), lindern jedoch in der Phase der Trennung kaum den Schmerz. Vielleicht muß ein Jugendlicher einfach am eigenen Leib erfahren, daß zur Liebe neben den schönen Gefühlen auch die des Schmerzes und des Verlustes gehören. Ein wenig Sinnstiftung in diese Richtung können Gedichte liefern, die die Trennungsschmerzen artikulieren und sie nicht durch Aufforderungen zu oberflächlichen Aktivitäten übertönen wollen. Eichendorffs „künstliches“ Volkslied vom „zerbrochenen Ringlein“ ist als Einstieg in diese Thematik gut geeignet, weil es mit der Lakonie des Volkslieds das Typische des Liebesschmerzes ausdrückt. Methodisch kann bei diesem Gedicht so verfahren werden, daß der Lehrer den Schülern die Ausformulierung der Wünsche des verlassenen Liebhabers überläßt („Ich möcht ...“). Der Vergleich der Schülerfassungen mit dem Original ermöglicht dann eine Diskussion über das Immer-Gleiche der Leiderfahrung nach einer Trennung von der Geliebten.

Interpretationsskizze

Das 1815 in seinem Roman „Ahnung und Gegenwart“ abgedruckte Gedicht lehnt sich eng an die Form des Volksliedes (Liedform, Motiv des zerbrochenen Ringes) an. In den Rahmenstrophen I und IV macht es direkte Anleihen aus dem Volkslied „Das Mühlrad“. Über die Geliebte, wohl eine Müllerstochter, wird ausgesagt, daß sie treulos geworden und verschwunden sei. Symbolisch wird dies verdeutlicht durch das Entzweigehen des Ringes. Über die Trennungsgründe, die Motive für das Verschwinden des Mädchens, wird nichts ausgesagt. Für das Volksliedmuster, dem jegliches Psychologisieren fremd ist, genügt das reine Faktum. Die Wunschbilder („Ich möcht ...“) in den Strophen drei bis fünf sind deutbar aus dem Schmerz und der Verzweiflung des verlassenen jungen Mannes. Er möchte als Musikant und Sänger aller Welt seinen Schmerz verkünden, ja sich als Soldat der Lebensgefahr aussetzen. Wenn die Zweisamkeit zerbrochen ist, hat das eigene Leben an Wert verloren. Diese Wunschvorstellungen können jedoch nicht zum Ziele führen, das Mädchen endgültig zu vergessen. Das „Requisit“ ihrer gemeinsamen Liebe, das Mühlrad, erinnert ihn stets daran. So bleibt letztlich nur der Todeswunsch als Ausweg, der konsequenterweise mit dem Wunsch nach Stille korrespondiert. Das liedhafte Gedicht ist einfach aufgebaut. Die ersten beiden Strophen verdeutlichen den Sachverhalt des Liebesverlusts; die nächsten drei formulieren in wachsender Intensität die Fluchtträume des Verlassenen (Musikant, Soldat, Tod). Durch die Wiedererwähnung des „Mühlrades“ in der letzten Strophe entsteht eine motivische Verklammerung mit der Eingangsstrophe. Die Bilderwelt des Gedichts ist einfach und elementar: zerbrochener Ring, In-die-Welt-hinaus-Gehen, Schlachtengetümmel, Lagerfeuer. Kreuzreime und 3füßige Jamben mit abwechselnd klingenden und stumpfen Versenden geben dem Gedicht die Regelmäßigkeit des Volksliedes.

Methodische Hinweise

Wenn die Schüler das Gedicht in der auf dem Arbeitsblatt 5.7 abgedruckten Fassung erhalten, erfahren sie nur etwas über die „Ausgangslage“ des jungen Mannes: Er ist von seiner Geliebten verlassen worden. Über die Motive für diese Trennung, aber auch über seine Reaktionen erfahren sie nichts. Das dreimalige „ich möcht ...“ soll sie dazu führen, darüber nachzudenken, wie er sich die Bewältigung der Trennung vorstellt. Da von einer seelischen Erschütterung seitens der Verlassenen nirgendwo die Rede ist, sind „harmlose“ Wünsche (Ich möchte sie so schnell wie möglich vergessen! oder: Ich möchte bald wieder ein Mädchen kennenlernen!) durchaus im Bereich des Möglichen. Lediglich das „Ich weiß nicht, was ich will –“ zum Schluß läßt auf eine gewisse Verwirrung des Lieb-

habers schließen. Hier dürften die Schüler also eher eine „irrationale" Verhaltensweise vermuten. Den Schülern sollte bei der Aufgabenstellung noch gesagt werden, daß sie die Gedichtform beibehalten sollen und nur in Ausnahmefällen, falls ihnen diese formale Gestaltung nicht gelingt, in Prosa weiterschreiben dürfen.
Die Auswertung geschieht in zwei Stufen. Zuerst werden die Schülerfassungen verlesen und diskutiert. Dann erst wird das Original des Dichters vorgestellt. Die Diskussion darüber, ob sie die vom lyrischen Ich geäußerten Wunschbilder für angemessen halten, könnte zum Resultat haben, daß das Verlassenwerden den Partner fast immer in große seelische Nöte stürzt und daß diese Leiderfahrung oft durch Strategien der Selbstschädigung und mitunter auch durch Selbstmord „bewältigt" wird.
Im Anschluß an diese Diskussion kann der Lehrer noch auf die spezifische Form dieses Gedichts eingehen (Liedform, Bilderwelt des Volkslieds) und auf den romantischen Hintergrund seiner Entstehung hinweisen.

Weiterführungsmöglichkeit

Karl Krolow: „Es war die Nacht"

Das Eichendorff-Gedicht steht für eine Zeit, in der man daran gewöhnt und darin geübt war, Gefühle auszudrücken und auch auszuleben. Die romantische Epoche war ja unter anderem eine Gegenströmung gegen den Rationalismus, den Verstandeskult der Aufklärung. Das findet sich in den Wunschbildern des verlassenen Liebhabers, vor allem auch in seinem Todeswunsch, wieder. Interessant wäre es, eine zeitgemäße Fassung dagegenzuhalten und die Unterschiede in der Bewältigung des Konfliktes herauszuarbeiten. Eine solche Möglichkeit bietet das Gedicht „Es war die Nacht" von Karl Krolow.

Kurzinterpretation

Das Gedicht fängt den zeitlichen Moment der Trennung eines Liebespaares ein. In drei fast beschwörenden Wiederholungen („Es war die Nacht ...") am Strophenanfang wird die Zeit festgehalten, in der das Unfaßbare („Ist es zu fassen?") geschehen ist. An welchen Verhaltensweisen kann man hier das Zuendegehen der Liebesbeziehung ablesen? Das gemeinsame Lachen – ein schöner Beleg für die Liebe – hört auf; die Gedanken kreisen um das Abwägen des eigenen Vorteils; es besteht kein Vertrauen mehr zueinander. Während die erste Strophe das Geschehen distanziert, wie von außen schildert (fünfmal heißt es „sie"), ist die zweite noch weiter entpersonalisiert: Es kommt keine Person mehr vor; es wird

nur der Zustand ohne Liebe beschrieben. Selbst die Stimmen in der Natur, die als Widerschein der Liebe geklungen haben, sind jetzt stumm. Die Konturen der Umgebung lösen sich scheinbar auf („Schemen, die in der Nacht verschwimmen"). Ohne Liebe gibt die Umgebung keinen rechten Halt. Die dritte Strophe geht vom Präteritum über in die Gegenwart. Das schafft nicht nur eine Intensität des Erlebens. Gleichzeitig kehrt auch der personale Bezug wieder zurück. In der Rückerinnerung an die gemeinsame Liebe („heiße Nähe der Körper") ist das gemeinsame „uns" und „wir" in der Redeweise wieder möglich. Allerdings dominiert das Sprecher-Ich („Ich sehe, wie ..."), das den Vorgang der Trennung jetzt in aller Deutlichkeit registriert.
Formal weist das Gedicht einige Besonderheiten auf. Die drei Strophen haben abweichend vom Schema jeweils fünf Verse. Der überzählige fünfte Vers ist durch den Reim mit dem jeweils zweiten verzahnt (Reimschema: a b a a b). Die relative Ruhe, die in der ersten Strophe durch den Zeilenstil in der Syntax erzeugt wird, weicht in der Folge einer größeren Unruhe, die durch Enjambements zustande kommt.

Vorschlag zur Methode

Das Gedicht ist für Schüler nicht leicht zu verstehen, weil die Geschehnisse sich überwiegend im Geistig-Seelischen der beiden Personen abspielen und eine vordergründige Haltung vermissen lassen. Dieser Andeutungsstil erschwert das Verständnis und verlangt nach einer Methode, die das Untergründige des Geschehens zutage fördert. Auf dem Arbeitsblatt 5.8 ist das Gedicht mit Unterstreichungen und Pfeilmarkierungen abgedruckt. Sie bezeichnen die Stellen, wo vom inneren Geschehen die Rede ist. Die Schüler sollen eine Szene nach dem Vorbild eines Theaterstücks schreiben, indem sie die bezeichneten Textstellen in Form von Dialogen oder inneren Monologen, wo die Personen zu sich selber sprechen, ausführen. Dabei sollen die im Gedicht ausgesparten Beweggründe und Motive für die Trennung und (in Strophe 2 und 3) die Gefühle im Moment der Trennung imaginativ erfunden werden. In diesen Trennungsdialogen werden sicher die heute üblichen Trennungsursachen zur Sprache kommen. Die Schülerdialoge sind quasi der Spiegel heutiger Befindlichkeiten im zwischenmenschlichen Gefüge. Sinnvoll ist bei der Auswertung ein Vergleich mit der Reaktion des verlassenen Liebhabers im Gedicht von Eichendorff.

Aufsatzthema

Marie Luise Kaschnitz: „Am Strande"

Interpretationsskizze

Das lyrische Ich (bei dem das Geschlecht offen bleibt, man jedoch einen Mann vermuten darf), trifft seine Liebespartnerin am Strand, wo sie in das Spiel vertieft ist, Zeichen in den Sand zu malen, die von den Wellen wieder gelöscht werden. Sie ist fröhlicher Laune, während er voll Wehmut über die Vergänglichkeit ihr Spiel betrachtet. Schon in der Konstellation Beobachter – Beobachtete spiegelt sich der grundsätzliche Gegensatz des Gedichts wider: Sie ist mit sich selber beschäftigt, er mit ihr. In der letzten Strophe erst wird eine Verbindung zwischen beiden hergestellt durch ihre Zuwendung zu ihm, die aber nur die unterschiedlichen Empfindungen aufeinanderprallen läßt und keine Gemeinsamkeit in den Gefühlen ermöglicht: Sie lacht, er ist traurig. Die Begegnung scheint eine wiederholte zu sein („Heute sah ich wieder ..."), wobei die Intensität ihrer Beziehung zueinander offen bleibt. Tiefere Gefühle lassen sich nur aus dem Interesse ableiten, das er an ihr hat. Er betrachtet sie lange. Aus ihrer lachenden Zuwendung kann man immerhin schließen, daß er ihr nicht gleichgültig ist. Die Zeichen, die sie in den Sand malt („Stern und Kreis") verweisen auf etwas anderes als das bloße sinnfreie Spiel. Sterne sind kosmische Zeichen, die eine Ausstrahlung haben und den Menschen leiten können. Der Kreis ist das Symbol der Vollendung, des ewig in sich Ruhenden, Figur ohne Anfang und Ende. Beides sind verheißungsvolle Zeichen von Harmonie und Schönheit. Daß die Frau mit ihnen spielt, sie immer wieder der Vernichtung aussetzt, ist Ausdruck ihrer Haltung. Sie ist immer wieder „neu bereit" zur Hingabe an das Spiel, denn sie begreift das Vergängliche als ewig; der augenblickliche Zerfall kümmert sie nicht. So strahlt ihr Tun Optimismus, kindliche Freude am Augenblick aus. Sie kann sich ihm auch „lachend" und unbeschwert von Reflexionen über ihr Tun zuwenden. Er hingegen erlebt in diesem sich immer wieder erneuernden Spiel die Vergänglichkeit, die dauernde Zerstörung der hoffnungsvollen Zeichen und zum Schluß die Ahnung der Vergänglichkeit seiner Beziehung zu ihr („löschte deiner Füße Spur"). Dieses letzte Bild ist ein Bild melancholischer Trauer („Ahntest nicht den Schmerz ..."); es ist ausgerechnet die „schönste Welle", die ästhetischen Genuß bereiten könnte, die das Zerstörungswerk vollbringt. Die Natur ist dem Gesetz der ewigen Wiederkehr der Erscheinungen unterworfen („Welle kam ..."/„Welle ging ...") und kümmert sich nicht um Gefühle. Die Frau ist im Einklang mit diesem Gesetz, während der Mann angesichts der Vergänglichkeit der Liebe, die er in diesem Moment ahnt, voll von Trauer und Schmerz ist.
Dem Gedicht liegt durchgehend das Metrum des fünfhebigen Trochäus mit stumpfen Kadenzen zugrunde. Reimschema ist der Kreuzreim. Der harte Aus-

klang der Strophen wird an sinntragenden Stellen durch Enjambements gemildert („Spiel/Mit der ewigen Vergänglichkeit“). Die jeweils auf das Enjambement folgende Zeile wird so hervorgehoben und in ihrer Bedeutung verstärkt.

Methodischer Hinweis

Bei diesem Gedicht ist eine Aufgabenstellung sinnvoll, die es den Schülern ermöglicht, in die Gedankenwelt der beiden Hauptfiguren einzudringen. Die vordergründige Handlung ist denkbar sparsam ausgeprägt, wichtig und für den Sinn des Gedichts konstitutiv ist das in den Personen ablaufende „Geschehen“. Deshalb könnte ein handlungsorientierter Interpretationsansatz darin bestehen, daß die Schüler die Gedanken der beiden Personen in einem wechselseitigen inneren Monolog aufschreiben. Sie sollen sich dabei einerseits auf das äußere Geschehen beziehen (Ankunft des Mannes am Strand, Spiel der Frau mit den Figuren etc.), dann aber die gegenseitigen Gefühle ausdrücken. Die Schüler kennen eine solche Gedankenrede mit Sicherheit von Comic-Darstellungen, wo immer neben den Sprechblasen auch „Gedankenblasen“ eine Rolle spielen. Am besten ist es, zeilenweise vorzugehen, so daß alle Feinheiten des inneren Geschehens erfaßt werden. Wichtigstes Bewertungskriterium bei der Beurteilung des Geschriebenen sollte sein, ob der Gegensatz des Paares (spontane Freude am Spiel und kindliche Naivität einerseits; Ernsthaftigkeit und Schwermut andererseits) erkannt und adäquat in die Ausformulierung der Gedanken und Gefühle umgesetzt wird.

6 Gedichte zum Motiv Jahreszeiten

Didaktische Begründung

Die Jahreszeiten sind zu allen Zeiten von Dichtern beschrieben und besungen worden. Der Mensch war in vorindustrieller Zeit sehr viel stärker als heute eingebunden in den Rhythmus der Jahreszeiten, die sein Zeitgefühl bestimmten und den Arbeitsrhythmus festlegten. Der durch die Jahreszeiten bedingte Wandel in der Natur wurde vom religiös fühlenden Menschen als göttliches Gesetz, als Erfüllung des Schöpfungsplans erfahren und als beruhigende „Dauer im Wechsel" wahrgenommen. An die Jahreszeiten hefteten und heften sich unterschiedliche Empfindungen des Menschen: das Gefühl von Neubeginn und Aufbruch im Frühling; Genuß des Erreichten und Zufriedenheit im Sommer; Melancholie und Vergänglichkeitsgefühle im Herbst; Trauer und das Gefühl von Erstarrung im Winter. In den unzähligen Gedichten zum Motiv der Jahreszeiten, die es in den Lyrik-Anthologien gibt, finden sich all diese Stimmungen und Gefühle wieder. Sie werden je nach Temperament des Dichters, nach seiner Einbindung in die jeweilige Zeitstimmung oder in philosophisch-religiöse Gedankengebäude eine unterschiedliche Ausgestaltung erfahren. Schüler mit jahreszeitlichen Gedichten vertraut zu machen, entspricht nicht in erster Linie dem Auftrag, ihnen gültige lyrische Werke des traditionellen Kanons nahezubringen. Jugendliche sind vielmehr heute noch sehr empfänglich für die meisten Stimmungslagen, wie sie in den jahreszeitlichen Gedichten gerade auch aus vergangenen Zeiten zum Ausdruck kommen. Vor allem mit den oft melancholischen Herbstgedichten haben viele Deutschlehrer mit Schülern, die die Pubertät durchlaufen, immer gute Erfahrungen im Unterricht gemacht. Auch wenn Schüler die philosophische Dimension der Rilkeschen Herbstgedichte vielleicht noch nicht ermessen können, lassen sie sich doch in der Regel von der suggestiven Wirkung der dort gestalteten Stimmung beeindrucken. Ähnlich sind die Erfahrungen bei den mit Farbeffekten und Kontrasten arbeitenden Gedichten von Heym und Trakl. In dieser Sequenz soll der Schwerpunkt deshalb auf dem Motiv des Herbstes liegen. Die hier vorgestellten Herbstgedichte werden lediglich durch wenige Sommer- und Wintergedichte ergänzt. Frühlingsgedichte werden hier ausgespart, weil die bekanntesten unter ihnen in der Regel in der Unterstufe des Gymnasiums besprochen werden, während die hier vorgestellten Herbstgedichte ältere Adressaten voraussetzen. Die Sequenz bringt neben einigen weniger bekannten vor allem die in jeder Anthologie vorfindbaren Herbstgedichte von Rilke, Trakl und Storm.

Sommer

Hermann Hesse: „Sommerwanderung“ und Sarah Kirsch: „Das Dorf“

Didaktische Begründung

Die Schüler sollen zum Einstieg mit einem Verfahren der Textrekonstruktion vertraut gemacht werden, das zu den häufig angewandten Methoden innerhalb des produktionsorientierten Zugangs zu Gedichten gehört. Sie sollen aus der Mixtur der Verse zweier Gedichte die beiden Originale rekonstruieren. Beides sind Sommergedichte, allerdings in Form und Ton sehr unterschiedlich, was zum Gelingen der Aufgabe beiträgt. Das Gedicht von Hesse ist traditionell an der lyrischen Sprache des 19. Jahrhunderts orientiert. Aus der Schilderung eines Naturvorgangs wird – quasi gleichnishaft – die Frage nach der Orientierung des Menschen abgeleitet. Die Wahrnehmung der Sinnhaftigkeit der Naturvorgänge führt beim lyrischen Ich zu der Frage nach dem richtigen Lebenssinn. Das Gedicht postuliert letztlich die Stimmigkeit von Naturgeschehen und menschlicher Bestimmung. Das Gedicht von Sarah Kirsch hingegen ist diesseitig orientiert und verzichtet auf einen transzendenten Bezug. Sie sieht die Erfüllung des Lebens im erfüllten Augenblick – hier in der Abendstimmung eines sommerlichen Dorfes. Die Form bei Hesse ist traditionell (einheitliches Metrum, Reim), bei Sarah Kirsch hingegen modern (rhythmisierte Sprache ohne festes Metrum und ohne Reim). Die Schüler werden sich bei ihrem Such- und Zusammensetzspiel an diesen Unterschieden orientieren können.

Interpretationsskizzen

Hermann Hesse: „Sommerwanderung“
Das Gedicht beginnt mit der Schilderung eines Naturbildes. Das goldgelbe Korn wiegt sich im Wind und ist reif für den Schnitt. Vom Dorf her hört man Geräusche, die auf Erntevorbereitungen schließen lassen. Die Pferde werden beschlagen und die Sensen für ihren Einsatz präpariert. Aus diesen beiden bäuerlichen Verrichtungen kann man auf den Zeithintergrund des Gedichts schließen. Es ist die vormaschinelle Zeit, in der die menschliche Arbeitskraft – unterstützt durch Pferdestärken – noch dominierte. Die Metaphern, mit denen das Korn bezeichnet wird („goldenes Ährenmeer“, „goldne Fluten“), erzeugen nicht nur den Eindruck von unendlicher Weite, sondern lassen das Korn auch als etwas Kostbares erscheinen. Es ist die Grundlage für das Brot, das wichtigste aller Lebensmittel. Die letzte Strophe, die nach dem Naturbild in den Strophen 1 und 2 sich dem

Menschen zuwendet, setzt abrupt und seltsam inversiv ein: „Fremdling, der ich ..." In Form einer Selbstanrede charakterisiert sich das lyrische Ich als Fremder, der auf der Erde gleichsam als Pilger wandert. Der Ton ist eindeutig religiös („Suchend pilgere auf Erden") und verweist auf den transzendenten Kern des Gedichts. Die Suche, von der hier die Rede ist, ist die nach dem Lebenssinn. „Reif erfunden werden ..." meint dann eine moralisch-ethische Haltung, die das Ideal des Menschen angesichts des göttlichen Gerichts sein sollte. Der Begriff des „Schnitters" im letzten Vers verweist auf das seit dem Mittelalter von bildlichen Darstellungen her geläufige Bild vom Tod, der unter den Menschen Ernte hält. Dieser Begriff stellt – ähnlich wie das Wort „reif" – die Parallelität der Vorgänge her, auf die es dem Dichter hier ankommt. Auch der Mensch sollte, wenn es ans Sterben geht, reif dafür sein, reif im Sinne einer moralischen Qualität. Auffällig an diesem Gedicht ist, daß die innere Gliederung (Str. 1 und 2: Natur; Str. 3: Mensch) sich auch in der Syntax niederschlägt. Während die Sätze in den beiden ersten Strophen ruhig und ausladend gestaltet sind und gleichsam den harmonischen Natureindruck nachzeichnen, ist die Syntax in der 3. Strophe unruhig und ineinander verschachtelt, als wollte der Dichter die Unsicherheit, die Orientierungslosigkeit („ohne Pfad/Suchend ...") des Wanderers auch im Satzbau ausdrücken.
Das Metrum ist der regelmäßige 4füßige Trochäus, das Reimschema der umschließende Reim.

Sarah Kirsch: „Das Dorf"
Die erste Strophe des Gedichts skizziert mit wenigen Strichen eine sommerliche Landschaft am Abend. Das Verstummen der Naturgeräusche und das Abendrot markieren den Einschnitt am Ende des Tages. In der zweiten Strophe schildert das lyrische Ich seine Rückkehr von einem Moorspaziergang. Über abgeerntete Kornfelder geht es ins Dorf, in dem die ersten Fenster beleuchtet sind. Die um einen Vers verkürzte letzte Strophe gibt dem Landschaftsbild eine Bedeutung. Der Knöterich, eine schnell wachsende Schlingpflanze, hat die Wege zwischen den Häusern zugewuchert, als wollte die Natur einen Teppich ausbreiten, damit die Menschen bequem und weich „von Tür zu Tür" zueinander kommen können. Die sommerliche Natur als Stifterin von Nachbarschaftlichkeit und menschlichem Miteinander. Die das Gedicht abschließende Metapher „Sommertagteppich" faßt diese Aussage bündig zusammen. Dem Gedicht fehlt die transzendente Überhöhung, die Hesse aus seiner Naturschilderung gewinnt. Bei Sarah Kirsch geht es um den Naturgenuß, die Freude am Leben in und mit der Natur, in der der Mensch nicht Fremdkörper, sondern Teilhaber ist. Er kann Orientierung in der Natur gewinnen: „Stern und Steine leuchteten hell".
Die Sprache ist rhythmisiert; es gibt Anklänge an unterschiedliche Versmaße, allerdings kein durchgängiges Metrum. Akzente werden gesetzt durch die Wortstellung: sinntragende Wörter stehen am Zeilenanfang („Stern") oder am Zeilenende („Eiche", „Himmel"). Weitere Mittel der poetischen Formung sind Inversionen („Auf dem Hügel die Eiche ..."), Ellipsen („Zermahlender Staub auf der Straße") und Alliterationen („Stern und Steine ...").

Methodische Hinweise

Das Arbeitsblatt 6.1 enthält den aus den Versen beider Gedichte zusammengesetzten Text. Nach der Bekanntgabe des Arbeitsauftrages sollte auf die Anmerkungen hingewiesen werden. Sie klären unbekannte Begriffe bzw. die vielen Schülern nicht mehr bekannten Verrichtungen des bäuerlichen Lebens in vormaschineller Zeit. Der Hinweis, daß die beiden Gedichte in unterschiedlichen Zeiten entstanden sind und deshalb auch einen unterschiedlichen Ton aufweisen, dient den Schülern als Orientierung bei der Suche nach den zusammengehörigen Versen. Da in beiden Gedichten Enjambements vorkommen (bei Hesse häufiger als bei Kirsch), wird es den Schülern recht schnell gelingen, mit den Hesse-Versen Verspaare zusammenzustellen. Bei Sarah Kirsch ist das schon schwieriger. Hier könnte bei einigen Schülern die Reihenfolge der Verse vom Original abweichen, ohne daß diese Fassungen völlig abwegig wären. Die anschließende Besprechung – möglichst mit Hilfe einer Overhead-Projektion – sollte gerade daran anknüpfen, was die Schüler an eigenen Fassungen gestaltet haben. Die Diskussion über die Unterschiede zum Original wird dann fruchtbar sein, wenn der Lehrer damit nicht die Produkte der Schüler abwertet, sondern sie in ihrer Andersartigkeit als mögliche Realisierungen des vorgegebenen Sprachmaterials anerkennt. Ein Schwerpunkt der Besprechung sollte darauf liegen, die unterschiedliche Haltung der Dichter zum Gegenstand herauszustellen, die ihren Niederschlag auch in Sprache und Form findet. Für die Montage der Gedichte durch die Schüler muß der Lehrer eine volle Unterrichtsstunde veranschlagen, so daß die Auswertung erst in der nächsten Stunde stattfinden kann. Der Lehrer sollte vor der Auswertungsstunde die treffendsten und interessantesten Fassungen der Schüler auf Folien ziehen, um mit Hilfe des visuellen Eindrucks anschaulich mit den Ergebnissen arbeiten zu können.

Weiterführungsmöglichkeit

Die Schüler haben in beiden Gedichten typische Erscheinungen sommerlicher Landschaften kennengelernt: Kornfelder im Zustand der Reife (bei Hesse) oder schon abgeerntet (bei Kirsch); singende und verstummende Grillen; sich ausbreitender Knöterich. In beiden Gedichten ist die flimmernde Atmosphäre sommerlicher Hitze gegenwärtig („Zittern in der Sonne Gluten“ – bei Hesse; „Zermahlener Staub auf der Straße“ – bei Kirsch).
Das Thema „Sommergedicht“ könnte man so weiterführen, daß die Schüler den ihnen bekannten Fundus an Sommerbildern zum Schreiben eines Herbstgedichts benutzen. Diese Aufgabe gelingt am ehesten, wenn die Schüler den herbstlichen Wandel der sommerlichen Natur konkret an einzelnen Erscheinungen beschrei-

ben. So wird verhindert, daß das Gedicht vorschnell in philosophische Höhen „abhebt". Damit sie noch andere sommerliche Naturbilder kennenlernen, sollten vor der Schreibaufgabe noch mindestens zwei weitere Sommergedichte mit den Schülern besprochen werden. Natürlich sollen die Gedichte der Schüler auch typische Herbststimmungen, die den Menschen manchmal in dieser Jahreszeit überfallen, ausdrücken. Jeder Schüler assoziiert mit dem Herbst neben den Eindrücken äußerer Art (wie z. B. fallende Blätter, Stürme, abgeerntete Felder oder Bäume) vor allem auch Stimmungen und Gefühle (wie z. B. Trauer, Niedergeschlagenheit, Unruhe). Diese Vorstellungen sollen die Schüler leiten, wenn sie ein Gedicht mit dem Motiv „Herbst" zu formen haben. Die beiden noch zu besprechenden Gedichte sind als Vorstufe zum eigenen Herbstgedicht deshalb gut geeignet, weil in ihnen schon Anklänge an typische Herbststimmungen enthalten sind, die die Schüler nur noch fortführen und verstärken müßten. Bei der Besprechung der beiden Gedichte kann und soll man sich auf die Erläuterung der sommerlichen Naturbilder und die anklingende wehmütige (vorherbstliche) Stimmung konzentrieren.

Kurzinterpretationen

Georg Trakl: „Sommer"
Das Gedicht entwirft ein abendliches Stimmungsbild. Der Grundtenor, der mehrmals variiert wird, ist das Ersterben der Naturgeräusche. Die Stimmen der Tiere verlöschen (Kuckuck, Grille); das Blätterrauschen (Kastanie) und die Bewegung des Windes kommen zur Ruhe. Es ist, als halte die Natur ihren Atem an. Ein Grund für diese völlige Stille könnte das Gewitter sein, das am Himmel droht. Dann wäre es die Ruhe vor dem Sturm. Mit dem 11. Vers wird übergeleitet von der Natur in die Sphäre des Menschen. Auch hier dominiert die Stille. Man hört nur das leise Rauschen des Kleides einer Frau, über deren Identität man nichts erfährt. Der Schein einer Kerze wird synästhetisch als „still" beschrieben, was den Eindruck völliger Lautlosigkeit im Gedicht verstärkt. Die einzeln stehende, aus einem Vers bestehende Strophe am Ende des Gedichts faßt zwei wesentliche Eindrücke dieses Sommerabends in zwei Ellipsen zusammen: Stille und Dunkelheit. Das Gedicht arbeitet wie so häufig bei Trakl mit Farbkontrasten: rot – schwarz (Verse 4/5), dunkel – silbern (14/15), die der Szenerie etwas Gespenstisches, Grelles verleihen. Die Kerze, die wie von unsichtbarer, magischer Hand zum Erlöschen gebracht wird, verweist auf eine Schicht im Gehalt des Gedichts, die über das Reale hinausweist und den Menschen in Abhängigkeit von etwas Schicksalhaftem, Jenseitigem sieht. Wenn man Licht in seiner übertragenen Bedeutung als Erleuchtung, Orientierung betrachtet, wird deutlich, daß Trakl dem Menschen diese Möglichkeit der Daseinserhellung abspricht. Er wird der völligen Dunkelheit anheimgegeben. Die im Gedicht erwähnten Naturstimmen erhalten durch Personifizierungen eine große Eindringlichkeit und Nähe zum Menschen: „Klage des Kuckucks", „Lied der Grille". Auch das heraufziehende Gewitter wird mit einer menschlichen Geste beschrieben: „Schwarzes Ge-

witter droht ..." Insgesamt ist die Stimmung des Gedichts – im Kontrast zu den beiden Sommergedichten von Hesse und Kirsch – eher düster und beunruhigend. Das Gedicht ist reimlos, das Metrum schwankt zwischen jambischen und daktylisch-trochäischen Versen.

Theodor Storm: „Juli"
Die Kürze des Gedichts und sein Titel weisen es als Teil eines kalenderblattartigen Zyklus aus, der die einzelnen Monate zum Thema hat. In einfach gebauten Sätzen, die immer einem Vers entsprechen, werden Natureindrücke vermittelt: ein leichter Wind weht, die Sonne scheint warm, die Ähren des Korns sind schwer in ihrer Reife, am Rotdorn glänzen Beeren; die Früchte des Landes ergeben eine üppige Fülle; Grund genug zur Zufriedenheit. Das Gedicht schließt jedoch mit dem Hinweis auf die nachdenkliche Stimmung einer jungen Frau. Ist es ein zaghafter Hinweis auf Unruhe und Unsicherheit jenseits äußerer Fülle und materieller Güter? Ist es die Einstimmung in den Herbst, der den Menschen mit einer anderen Natur und einer trüberen Stimmung konfrontiert? Eine endgültige Antwort auf diese Frage ist nicht möglich. Die Aussage bleibt in der Schwebe. Die Form des Gedichts ist so einfach wie seine Sprache. Die paargereimten Verse weisen als Metrum den vierfüßigen Trochäus auf.

Vorschlag zur Methode

Bevor die Schüler das Herbstgedicht schreiben, sollte der Lehrer in einem zweispaltigen Tafelbild die Naturerscheinungen auflisten, die in den vier Sommergedichten vorgekommen sind, und sie dann mit herbstlichen Naturbildern kontrastieren.

Tafelbild

Sommer	Herbst
– reife Kornfelder	– Stoppelfelder
– Gluthitze	– kühler Wind
– Rascheln des Kastanienlaubes	– Fallen der Blätter vom Kastanienbaum
– Kuckuck singt, Grille zirpt	– Verstummen der Vogellaute und des Grillenzirpens
– roter Mohn im Feld	– keine Blume mehr im Feld
– rote Beeren am Dornbusch	– kahles Geäst des Dornbusches
usw.	usw.

Hier sind nur die Naturerscheinungen aufgelistet, die in den vier besprochenen Gedichten vorgekommen sind. Die Schüler können die Liste selbständig fortführen und immer das Pendant aus der herbstlichen Natur dazuschreiben. Dann machen sich die Schüler ans Werk. Da für das Herbstgedicht keinerlei strukturierende Vorgabe gemacht wird, werden sehr unterschiedliche Gedichte entstehen. Das ist als Einstieg in die Besprechung von Herbstgedichten sogar von Vorteil, weil dann von Anfang an die ganze Bandbreite möglicher Naturbeschreibungen und Stimmungen vertreten sein wird. Formal werden die Gedichte natürlich nicht sehr ausgefeilt sein, es sei denn die Lerngruppe hätte schon Erfahrungen mit der formalen Gestaltung eigener Gedichte gemacht. Es werden in der Regel einfach gereimte Gedichte mit Anklängen an irgendein Versmaß entstehen oder Gedichte in prosanaher Sprache. Mehr als auf die Form kommt es bei diesem Schreibversuch ohnehin auf die treffenden Naturbilder an, die eine herbstliche Stimmung vermitteln sollen. Die besten Gedichte, die sich bei der gemeinsamen Besprechung als solche herauskristallisieren, sollten dokumentiert werden. Eine kleine Ausstellung in der Klasse bietet sich dafür an. Vielleicht können Schüler, die mit dem PC umgehen können, die typografische Gestaltung (Schriftbild, Überschriften, vielleicht grafische Ornamente) übernehmen. Es hat sich immer wieder gezeigt, daß Schüler stärker an ihren Produkten hängen, als sie vordergründig zu erkennen geben. Die üblichen Besprechungen, die häufig von Zeitdruck geprägt sind – jeder Lehrer will nach der Rekonstruktions- oder Produktionsphase schnell zur Interpretation schreiten – lassen den Stolz der Schüler leider oft unbefriedigt. Denkbar wäre z. B. am Ende der Herbst-Einheit auch eine Lesung vor Schülern und Eltern, bei der im Wechsel mit Musikdarbietungen Schüler ihre eigenen Herbstgedichte und die von Dichtern vortragen.

Herbst

Georg Heym: „Der Herbst“

Interpretationsskizze

Das Gedicht setzt ein mit dem Bild tanzender Drachen, die Kinder in den herbstlichen Himmel steigen lassen. Es scheint sich um Stadtkinder zu handeln, die sich nicht regelmäßig in freier Natur aufhalten („mit Stirnen bleich“). Ihre dünne Kleidung könnte darauf hindeuten, daß es sich um Angehörige ärmerer Schichten handelt oder daß sie noch auf sommerliche Wärme eingestellt sind. In der zweiten Strophe wird der optische Eindruck nachgezeichnet, den der Beobachter aus der Ferne von den kleinen Drachen in den Lüften haben kann: Sie sehen wie weiße Segelboote aus, die durch das Stoppelfeld segeln. Hinter ihnen senkt sich der blaue Himmel zum Horizont herab. Die herbstliche Kulisse wird vervollständigt durch den im Hintergrund sichtbaren Wald, der in roten Herbstfarben erstrahlt. Die Einzelbilder des Gedichts vermitteln die Anschaulichkeit der Landschaft. Anhand dreier Impressionen wird der Herbst nachgezeichnet: Kinder lassen Drachen steigen; die Drachen verfremden Feld und Himmel zu einer eingebildeten Wasserfläche; als umrahmende Kulisse dann der massiv erscheinende farbige Herbstwald. Wie oft bei Heym gewinnen die Naturbilder eine zeichenhafte Bedeutung, die über den reinen Anschauungswert hinausweist. In Formulierungen wie der „weiten Lüfte Reich" und „in Träumen seiner leichten Weite" wird angedeutet, daß hier ein Eindruck von Landschaft vermittelt werden soll, der etwas Elementares und Großes hat, dem der Mensch sich staunend ausgesetzt fühlt. Auffällig bei der sprachlichen Gestaltung sind die verwendeten Farben: bleich und weiß kontrastiert mit golden (2×), blau und rot. Die Landschaftsbilder werden überwiegend metaphorisch („Meer der ... Stoppeln", „Herbstes goldne Flaggen"), aber auch im Vergleich („wie eine rote Stadt") oder mit einem Neologismus („wolkenüberblaut") gestaltet. Das Metrum ist der 5füßige Trochäus, der am Versanfang häufig rhythmisch variiert wird. Am Reim ist auffällig, daß sich nur die Verse 2 und 4 in jeder Strophe reimen (a b c b).

Methodische Hinweise

Das Gedicht ist sehr stark von den zahlreichen Adjektiven geprägt. Vor allem die Farbbezeichnungen fallen auf, weil sie kontrastiv verwendet werden (hell: weiß und bleich; kräftig: blau und rot; und als Zwischenfarbe die typische Farbe des Herbstes: golden). Aber auch die anderen Adjektive drücken etwas Besonderes aus. In den ersten beiden Strophen überwiegt der Eindruck von Weite und Leichtigkeit: „weit", „leicht" und „tanzend". In der letzten Strophe wird der Eindruck von Ruhe und Schwere hervorgerufen: „unbewegt", „schwer" und „matt". Das weite Feld und der Himmel werden als leichtes und weites Areal charakterisiert, während der Wald als mächtig und schwer beschrieben wird. Deshalb auch der Vergleich mit der Stadt, mit Türmen und Flaggen. Ein reizvoller Zugang zu diesem Gedicht wäre, wenn man die Adjektive wegläßt und sie von den Schülern selber finden läßt (s. A 6.3). Als Hilfestellung sollte der Lehrer allenfalls erwähnen, daß ein Teil der Adjektive Farbeindrücke wiedergibt, sonst aber die Adjektive mit den Substantiven, die sie beschreiben und charakterisieren, korrespondieren sollten. Die Weite wird dann wohl kaum als Adjektiv ein „schwer" nach sich ziehen können. An drei Stellen wird durch den verlangten Reim die Auswahl der Adjektive eingeschränkt.
Die Auswertung könnte am besten so erfolgen, daß der Lehrer in eine großformatige Textfassung, die auf eine Overhead-Folie gezogen wird, die treffendsten Adjektive, die die Schüler gefunden haben, farbig einzeichnet und dann über jedes einzelne diskutieren läßt. Die von der Lerngruppe dann gewählte stimmigste Fassung wird mit dem Original verglichen. Die anschließende Interpretation sollte ihren Ausgangspunkt bei den Adjektiven nehmen und die Frage klären, welchen Eindruck von der Naturerscheinung des Herbstes der Dichter vermitteln will. Die Analyse der äußeren Form und der poetischen Mittel schließt sich an.

Weiterführungsmöglichkeit

Georg Trakl: „Verklärter Herbst“

Mit derselben Methode können viele Herbstgedichte erschlossen werden, weil in ihnen häufig Adjektivhäufungen anzutreffen sind. Hier soll das Gedicht „Verklärter Herbst“ von Georg Trakl als Weiterführung empfohlen werden. Methodisch kann wie beim Heym-Gedicht verfahren werden.

Kurzinterpretation

Der Dichter verherrlicht die elementare Funktion des Herbstes im Kreislauf der Natur: Er spendet die Ergebnisse des Werdens und Wachsens: Wein und Früchte. Die Worte „gewaltig“ und „goldnem“ unterstreichen diesen großartigen Eindruck von der Jahreszeit Herbst. Es ist auch die Zeit des Wanderns. Die Wälder werden dabei als still und als Begleiter des Menschen erfahren. Das läßt auf ein inniges Verhältnis Natur–Mensch in dieser Jahreszeit schließen. Der Bauer lebt von den Früchten des Herbstes. An ihnen mißt er den „Erfolg“ des Jahres. Der Bauer, der im Gedicht spricht, ist mit dem Eingefahrenen zufrieden. Er lobt die Abendglocken als Mutspender am Ende des Jahres. Er kann voll Zuversicht in den Winter sehen. Diese Stelle verweist auf eine gläubige Haltung des Bauern. Seine innige Verbindung zur Natur kommt darin zum Ausdruck, daß er die Zugvögel als ihn grüßend erlebt. Vielleicht drückt sich hier auch die Sehnsucht nach dem fernen Süden aus. Der Herbst ist die Zeit der verhaltenen Liebe. Die Zeit der stürmischen Leidenschaft ist vorbei, alle Gefühle werden ruhiger, milder. Ein Liebespaar, das zu einer Kahnfahrt aufgebrochen ist, erlebt die vorbeiziehenden Bilder der herbstlichen Natur. Das Gedicht schließt mit einer Vision. Die angenehmen Bilder vom Herbst erlöschen. Das Schlußbild weckt beim Leser die Vorstellung von Vergänglichkeit und Tod. Der äußeren Gliederung in drei Strophen entspricht eine innere Abfolge von Themen und Motiven: Der Schilderung der Fruchtbarkeit des Herbstes (Strophe 1) folgt in Strophe zwei der geschilderte Dank an Gott und die Besinnung des Menschen, bis schließlich in Strophe drei die Liebe mit der Vergänglichkeit kontrastiert wird. Die zahlreich verwendeten Adjektive sind überwiegend positiv gefärbt und vermitteln einen großartigen und schönen Eindruck vom Herbst. Das Metrum ist der 4hebige Jambus mit abwechselnd klingender und stumpfer Kadenz. Das Reimschema ist der Kreuzreim.

Didaktische Begründung

In diesem bekannten Herbstgedicht von Theodor Storm kommt eine Haltung gegenüber dieser Jahreszeit zum Ausdruck, die sich in der überwiegenden Zahl der geläufigen Herbstgedichte nicht findet. Der Dichter setzt gegen die Melancholie, die sich an grauen Novembertagen einstellt, Lebenskraft und Optimismus. Storms Tochter Gertrud schreibt in ihren Erinnerungen, daß ihr Vater diese Verse besonders geliebt und für seine besten gehalten habe (Gertrud Storm: Theodor Storm, ein Bild seines Lebens, Bd. 1, 2. Aufl., Berlin 1912, S. 191). Vielleicht deshalb, weil sie seine Lebenseinstellung treffend wiedergeben. Das Gedicht ist ein heimliches Rollengedicht. Die mehrfachen Anreden an ein als „mein wackrer Freund“ bezeichnetes Gegenüber („Schenk ein den Wein ...“/„Stoß an ...“) und die häufig gebrauchte „Wir-Form“ lassen vermuten, daß man sich hier eine gesellige Runde oder ein Duo vorstellen kann, Menschen also, die sich vor dem ungemütlichen Herbstwetter („Der Nebel steigt ...“) in ein gemütliches Drinnen zurückgezogen haben. Der Rollenbezug des Gedichts soll der Ansatzpunkt für das produktionsorientierte Verfahren sein, mit dem sich die Schüler diesem Gedicht nähern sollen. Sie sollen sich ausmalen, daß in der Trinkrunde ein Mensch sitzt, der die muntere, optimistische Stimmung des Sprechers nicht zu teilen vermag. Man könnte annehmen, daß er – aus welchen Gründen auch immer – der gegensätzlichen Stimmungslage, dem Düster-Bedrückenden des Herbstes, verfallen ist. Was liegt jetzt näher, als von seiner Warte aus ein Gegengedicht zu verfassen, das die Tristesse der Herbststimmung einfängt und gegen den Optimismus des Sprechers im Ausgangsgedicht ins Feld führt.

Interpretationsskizze

Das Gedicht ist durchgehend antithetisch aufgebaut. Auf Verse, die den Naturvorgang und die daraus resultierende meist traurige oder mutlose Stimmung benennen, folgt als Gegensatz die Ermunterung, sich trotzdem des Lebens zu erfreuen. Mit der richtigen Lebenseinstellung („ein rechtes Herz/Ist gar nicht umzubringen“) und mit einem Glas Wein („Schenk ein den Wein, den holden!“) ließen sich nicht nur die Unbilden der herbstlichen Witterung (Nebel, Blättertreiben), sondern auch die traurigen Anwandlungen im Gemüt vergessen machen oder vertreiben. Das grausige „Draußen“ meint jedoch nicht nur das Wetter, sondern auch die Streitigkeiten und Kämpfe unter den Menschen („Unchristlich oder christlich“). Die Welt bleibt in ihren ehernen Gesetzen bestehen, was immer die Menschen auch in ihr und mit ihr treiben mögen. Sie ist an sich „schön“, auch wenn persönliche Schicksale („Und wimmert auch einmal das Herz“) oder die Unbilden des Wetters die Stimmung eintrüben sollten. Mit der richtigen inneren Einstellung könne man – so die Botschaft des Gedichts – solche Irritationen vergessen machen. Die Vorausschau auf die freundliche Jahreszeit des Frühlings soll die Gewißheit vermitteln, daß Trübsinn und Pessimismus zu Ende sein werden, wenn die Natur ihr Kleid wieder wechselt. Genußfreude, Lebenswille und Diesseitsbejahung sind die Kennzeichen der in diesem Gedicht vertretenen optimistischen Einstellung. Auch in Form und Sprache des Gedichts kann man den Schwung ablesen, den es inhaltlich vermitteln will. Die vorwärtsdrängenden Jamben, zahlreiche Aufrufe und Aufforderungen sowie die refrainartige Wiederholung der programmatischen ersten Strophe geben dem Gedicht etwas Dynamisches, das den Leser oder Hörer sehr schnell in seinen Bann zieht. Das Reimschema ist teils der Kreuzreim (abab), teils der Reim abcb.

Methodische Hinweise

Das Gedicht zu verstehen, bereitet den Schülern in der Regel keine großen Schwierigkeiten. Ausgehen könnte die Besprechung von der Klärung der Situation, die dem Gedicht zugrunde liegt (gesellige Runde, Aufmunterung durch den Sprecher). Von da aus wird dann die Vorstellung erschlossen, die der Sprecher vom Herbst äußert. Dies führt zur Analyse seiner Lebenseinstellung und seiner Haltung zur Welt. Die Analyse der formal-sprachlichen Aspekte, die diese optimistische Haltung unterstreichen, schließt dann die Besprechung des Gedichts ab. Jetzt formuliert der Lehrer den Arbeitsauftrag, der die Schüleraktivität einleitet. Die Schüler sollen sich in einen anwesenden Zechgenossen hineinversetzen, der nicht von seiner trübseligen Stimmung lassen kann und für den die Aufmunterung des Sprechers, Lebenskraft und Optimismus zu zeigen, besonders passend ist. Sie sollen seine Gedanken in Form eines Gegengedichts aufschreiben. Es soll kein Gedicht mit Rede und Gegenrede ergeben. Ähnlich wie bei Storm selber soll das jetzt optimistische Gegenüber nur dadurch im Gedicht auftauchen, daß es angesprochen und gegebenenfalls kritisiert oder widerlegt wird. Die Schüler können sich natürlich eine Lebensgeschichte für den „Traurigen“ ausdenken, damit das Gedicht Substanz erhält. Es wird also in der Regel nicht auf eine platte zeilenweise Widerlegung des Stormschen Gedichts hinauslaufen, sondern auf ein eigenständiges Gedicht über die Stimmungslage eines Misanthropen. Die Aufgabe ist nicht leicht und erfordert einige Zeit. Sinnvoll ist es deshalb, wenn die Schüler die Aufgabe zu Hause beenden, wo sie in Ruhe überlegen und schreiben können. Bei der Besprechung könnte ein Schüler oder der Lehrer nochmals zur Einstimmung das Storm-Gedicht vortragen, dem dann verschiedene „Antwortgedichte“ folgen. Ein Richtig oder Falsch gibt es bei der Beurteilung dieser Gedichte nicht. Es kann nur darum gehen festzustellen, inwieweit die

Schüler es geschafft haben, einer pessimistischen Lebenshaltung sprachlichen Ausdruck zu verleihen. Auch von diesen Ergebnissen sollten einige charakteristische für ein breiteres Publikum ausgestellt werden.

Weiterführungsmöglichkeit

Friedrich Nietzsche: „Die Krähen schrei'n" und Theodor Fontane: „O trübe diese Tage nicht"

Die Schüler haben durch die Besprechung des Storm-Gedichts und die Herstellung eines Gegengedichts Erfahrungen mit Lebenshaltungen gesammelt, die in Herbstgedichten ausgedrückt werden können. Daran kann man anknüpfen, wenn man nach einer Weiterführungsmöglichkeit sucht. In zwei weiteren Herbstgedichten von Nietzsche und Fontane werden Lebenseinstellungen vermittelt, die eine neue Facette innerhalb der Herbstlyrik ergeben. Methodisch könnte man sich den zwei Gedichten so nähern, daß man die Strophen von beiden vermischt (s. A 6.5) und die Schüler die beiden Texte wieder entwirren läßt. Diese Aufgabe führt automatisch dazu, daß sich die Schüler an den jeweils in den Strophen vorfindbaren Haltungen und Einstellungen, die sie bald als gegensätzlich erkennen, orientieren. So stoßen sie zum Kern des Gehalts der beiden Gedichte vor. Für die Zuordnung gibt es noch weitere Anhaltspunkte, derer sich die Schüler bedienen können. Sie werden sehr schnell merken, daß in dem einen Gedicht mehrfach von Vögeln die Rede ist, daß diese Strophen folglich zu einem Gedicht gehören. Formal könnten sie sich z. B. auch daran orientieren, daß ein Teil der Strophen Kurzverse mit nur zwei Hebungen aufweist. Diese Strophen werden sie als zusammengehörig erkennen. Die anschließende Besprechung der Ergebnisse kann so verlaufen, daß die beiden rekonstruierten Gedichte von mehreren Schülern verlesen werden. Selbst wenn sie die Strophen richtig den beiden Gedichten zugeordnet haben, wird die Reihenfolge innerhalb des jeweiligen Gedichts oft variieren. Hier soll dann in der gemeinsamen Diskussion abgewogen werden, welche der Fassungen logischer scheint, besser klingt, vollendeter gestaltet ist. Dann erst erfolgt der Vergleich mit den Originalgedichten.

Kurzinterpretationen

Friedrich Nietzsche: „Die Krähen schrei'n"
Das Gedicht formuliert ein Paradoxon: Das lyrische Ich hat sich die Situation der Heimatlosigkeit und Unbehaustheit, unter der es leidet und die es beklagt („Weh dem, der keine Heimat hat!"), selber geschaffen. Es hat die Einsamkeit in Fremde und winterlicher Kälte selber auf sich genommen („Was bist du Narr ..."). Die Welt, in die es sich begeben hat, wird mit verschiedenen landschaftlichen Bil-

dern variiert: als Wüste oder Winterlandschaft. Was hat den Sprecher zu dieser Flucht weg von Geborgenheit und Heimat veranlaßt? Ist es ein schmerzlicher Verlust, der Verlust einer Liebe („Wer Das verlor/Was du verlorst")? Ist es gar Weltlust oder Lebensgier, die es im idyllischen Zuhause, in der bürgerlichen Sicherheit nicht aushält, die die Unsicherheit im Unbehausten der Behaglichkeit eines Daheim vorzieht („... stets nach kältern Himmeln sucht")? Eine eindeutige Antwort auf diese Fragen scheint es im Gedicht nicht zu geben. Daß der Sprecher bei seiner Flucht die Regeln der Natur auf den Kopf stellt (die Krähen ziehen instinktgeleitet vor dem Winter in die Stadt), stört ihn nicht. Das Leben, das er gewählt hat, ist das des Umhergetriebenen („macht nirgends Halt)"; es ist nur mit Zynismus zu ertragen („Versteck .../Dein ... Herz in Eis und Hohn"). Die „Winter-Wanderschaft", von der im Gedicht an zentraler Stelle die Rede ist, kann man lesen als Metapher für ein Leben in Einsamkeit und Unruhe, ohne geistige und seelische Heimat. Was ist der psychologische Mechanismus, der den Winter-Wanderer umtreibt? „Er verachtet sich für seine Sehnsucht nach der Welt und panzert sich mit einer nihilistischen Winter-Metaphysik." Es ist eine „Flucht in die Selbststilisierung zum Einsiedler im ewigen Eis". (Hermann Kurzke: Tristesse der Lebensgier, Tristesse der Einsamkeit. In: Frankfurter Anthologie, Bd. 16, Frankfurt/M. 1993, S. 92.). Das Gedicht arbeitet mit einer suggestiven Bildlichkeit. Die Bilder gruppieren sich um die beiden Gegensatzpole „Heimat" und „Welt" (Wüste, Winter). Die Krähen fliegen lärmend in Gruppen zur Stadt, in die Sphäre der Heimat, während der Winter-Wanderer einsam und starr steht und in die Heimat zurückblickt. Wem drängt sich hier nicht der Vergleich zu Schuberts Liederzyklus „Winterreise" auf! Das Lied vom „Wegweiser" („Was vermeid' ich denn die Wege ...") gibt eine ähnliche Stimmung wieder und wäre als musikalische Illustration des Gedichts sinnvoll.
Das Gedicht weist einen kunstvollen Bau auf. Eingebettet in zwei Rahmenstrophen, die bis auf die letzten Verse gleich sind, werden die Stationen der Winter-Wanderschaft skizziert, unterbrochen jeweils von Selbstanklagen („Was bist du Narr ...") und Selbstsuggestionen („Versteck', du Narr,/Dein ... Herz").

Theodor Fontane: „O trübe diese Tage nicht"
Dies ist ein Gedicht über die Vergänglichkeit des Lebens. Der Herbst wird metaphorisch aufgefaßt als das Lebensende, wo die Leidenschaften abgekühlt sind („Flut des Lebens ist dahin") und die Reize der Welt das Leben des Menschen weniger grell bestimmen. Das Gedicht beginnt mit einer Aufforderung an einen Unbekannten, gerade in dieser Lebensphase schonend mit dem Sprecher umzugehen, ihm Stimmungseintrübungen zu ersparen, damit er den Herbst des Lebens genießen kann („Sie sind der letzte Sonnenschein"). Die Stimmung, die den Ältergewordenen umtreibt, ist psychologisch fein nachgezeichnet. Es ist von einem „bangen Geiz" die Rede, von einem bewußten Wahrnehmen der Zeitnot, in die der Alternde gerät („wo jeder Tag/Viele Tage gilt in seinem Wert"); aber auch von einem „süßen Geiz", der den erfüllten Augenblick, den Genuß jeder einzelnen Stunde sucht und bewußt gegen den hektischen Lebensvollzug früherer Tage setzt. Durch die Mehrfachanreden „O trübe ... nicht" oder „O sorge

… und gönn“ erhält das Gedicht einen leicht emphatischen Ton, der die existentielle Berührtheit des Sprechers verdeutlicht. Ihm kann es nicht gleichgültig sein, wie seine letzten Jahre und Tage verlaufen. Das versucht er seinem Gegenüber zu vermitteln. Werner Weber hat in seiner Interpretation (Werner Weber: Der Dichter von nebenan. In: Frankfurter Anthologie, Bd. 18, Frankfurt/M. 1995) einen biographischen Bezug dieses Gedichts hergestellt. Es handele sich um den poetischen Nachklang eines Ehezwists. Fontanes Ehefrau habe den Wechsel des Korrespondenten Fontane zu einer anderen Zeitung kritisiert, weil sie um den Lebensunterhalt bangte. Das mag eine zutreffende Quelle für das Gedicht sein. Für die Interpretation selber ist dieser Hinweis jedoch unnötig. Die poetische „Übersetzung“ ins Allgemein-Geltende ist so gelungen, daß es einer biographischen Spurensuche nicht bedarf.

Rainer Maria Rilke: „Herbst“

Didaktische Begründung

Eine Lyrikeinheit über das Motiv des Herbstes ohne ein Gedicht von Rilke erscheint nahezu unmöglich. Zu sehr hat er durch seine makellosen Herbstgedichte unsere Vorstellung davon geprägt, was ein Herbstgedicht ausdrücken kann. Die Herbstgedichte Rilkes gestalten alle das Verhältnis Welt – Mensch – Gott. Sie nehmen die melancholische Stimmung, die der Herbst im Menschen manchmal weckt, zum Anlaß, über sein Verhältnis zur Schöpfung und zu Gott nachzudenken. Für Schüler, die in der heutigen säkularisierten Welt groß werden, in der die Frage nach den „letzten Dingen“ ins Abseits gedrängt wird, sind solche Gedichte für ihre geistige Orientierung wichtig. Hier hat der Deutschunterricht nach wie vor eine wesentliche Aufgabe. Er kann, weil er pluralistisch angelegt sein muß, keine endgültige Lebenshilfe oder Sinnstiftung vermitteln, er sollte jedoch Anregungen geben, über Dinge nachzudenken, die jenseits der Suche nach der Erfüllung im materiell verstandenen Lebensglück angesiedelt sind. Die Gedichte von Rilke sollen auch noch deshalb am Ende der Einheit über Herbstgedichte stehen, weil sie sprachlich und formal einen Höhepunkt markieren, an dem die Schüler ihr Formverständnis schulen können. Methodisch soll das Gedicht „Herbst“ so eingeführt werden, daß die Schüler die im Gedicht angelegte Antithese nach dem „Und doch …“ weiterführen. Die unterschiedlichen Realisierungen sollen dann den Hintergrund liefern für die Besprechung der Rilkeschen Lösung des „Und doch“.

Interpretationsskizze

Das Gedicht nimmt seinen Ausgangspunkt von einem zentralen Vorgang in der herbstlichen Natur: dem Fallen der Blätter. Siebenmal kommt dieses Schlüsselwort im Gedicht vor. Durch das Bild von den „fernen Gärten" „in den Himmeln" wird der Blätterfall als naturhafte, göttliche Ordnung, als Vollzug des Schöpfungsplans begriffen. Die zweite Strophe weitet den Blick aus auf das kosmische Geschehen. Der Mensch kommt sich angesichts der Vielfalt der Himmelserscheinungen einsam und verlassen vor. Die Erde scheint ins Unendliche zu fallen. Die dritte Strophe registriert den Verfallsprozeß beim Menschen. Seine Hinfälligkeit und Vergänglichkeit ist genauso unabwendbar und vorbestimmt wie das Abfallen der Blätter von den Bäumen. Die vierte Strophe hebt mit dem „Und doch" das Fallen als weltumspannenden Vorgang wieder auf, indem sie auf Gott verweist, der diesen Naturprozeß steuert und dadurch dem Menschen auch in seinem unabwendbaren Tod Sicherheit, Trost und Geborgenheit verheißt („unendlich sanft in seinen Händen hält"). Die innere Gliederung des Gedichtes ist sehr markant: Natur – Kosmos – Mensch – Gott. Hier drückt sich die christliche Welthierarchie aus, die den Menschen einbettet in seine natürliche Herkunft als Bestandteil der Schöpfung, ihn jedoch letztlich nur als aufgehoben begreift in Gott.
Das Gedicht weist eine formale Besonderheit auf, die die Aussage noch einmal auf eigenartige Weise akzentuiert. Die erste Strophe hat einen „überzähligen" Vers, der Reim (b) ist ein toter Reim, weil er innerhalb des Reimschemas (abc ca de ed) keine Entsprechung findet. Es ist der Vers, in dem zum erstenmal vom göttlichen Bereich („in den Himmeln") die Rede ist. Er wird als fern bezeichnet; die Menschen sind dem Göttlichen weit entrückt, sind aber letztlich doch in ihm und durch es geborgen, wie die letzte Strophe des Gedichts betont. Das Gedicht arbeitet mit einer Vielzahl von poetischen Mitteln. Beispiele hierfür sind Vergleiche („als welkten"/„wie von fern"); die Personifizierung („mit verneinender Gebärde"); Metaphern („fällt ... die ... Erde in die Einsamkeit"); die Hyperbel („unendlich sanft"); die Antithese („Und doch"); die Apostrophe („... sieh dir andre an"). Sie verleihen dem Gedicht den poetischen Zauber, der den Leser immer wieder besticht.

Methodische Hinweise

Wenn die Schüler dieses Gedicht lesen, werden sie immer wieder in den Bann des beschriebenen Vorgangs gezogen. Sie erkennen, daß in dem Zentralbegriff des Fallens die Vergänglichkeit alles Irdischen mitgefaßt ist. Wenn das Gedicht mit „Und doch ..." endet (s. A 6.6), sind sie zuerst einmal verstört, weil jetzt eine Gegenbewegung zum Fallen suggeriert wird, die sie nicht so leicht nachvollziehen, geschweige denn in Worte fassen können. Das ist der Reiz dieses Ein-

stiegs. Aus der Verunsicherung über das abrupte Ende heraus sollen die Schüler eine Lösung formulieren, die den geschilderten Vorgang umkehrt oder ihm zumindest Einhalt gebietet. Nach der Präsentation des unvollständigen Gedichts und der Aufgabenstellung muß das Gedicht nicht unbedingt analysiert werden. Es genügt, wenn einfache Verständnisfragen geklärt werden. Es tut der Aufgabe keinen Abbruch, wenn einzelne Textstellen von den Schülern noch nicht schlüssig gedeutet werden können (z. B. tun sie sich immer schwer mit der zweiten Strophe). Die schlüssige Deutung des Gedichts gelingt nach meiner Erfahrung besser und schneller, wenn sie ihren Ausgangspunkt bei den Schlußfassungen, die die Schüler selber geschrieben haben, findet.
Da die metaphysische „Lösung" heutzutage nicht mehr unbedingt naheliegt, sind viele der Gedichtschlüsse, die Schüler hier formulieren, vordergründiger, auf unmittelbaren Trost und Zuspruch gerichtet. Sie sagen z. B.: „Und doch ist es schön auf der Welt. Auch der Herbst gehört zum Kreislauf der Natur" oder: „Und doch soll man die Welt genießen, solange man noch in ihr lebt." Nur wenige Schüler kommen dazu, Gott in die Beantwortung der Sinnfrage einzubeziehen. Der Kontrast, der sich einstellt, wenn sie das Original zu Gesicht bekommen, ist ein guter Ansatz für eine fruchtbare Diskussion. Jetzt erst sollte das Gedicht detailliert analysiert und der innere Aufbau sowie die poetischen Gestaltungsmittel in ihrem Funktionszusammenhang gedeutet werden.

Weiterführungsmöglichkeit

Rainer Maria Rilke: „Herbsttag"

Es bietet sich natürlich an, nach „Herbst" auch noch das Gedicht „Herbsttag" mit den Schülern zu besprechen. Beide gehören zusammen, weil sie die Frage nach der Stellung des Menschen in der Naturordnung beantworten, dabei allerdings unterschiedliche Akzente setzen.

Kurzinterpretation

Das Gedicht beginnt mit der ungewöhnlichen Anrede an Gott und der Aufforderung an ihn, die Naturvorgänge beim Übergang vom Sommer zum Herbst im Sinne des Schöpfungsplans zu vollenden. Dieses Ansinnen wird in drängenden Imperativen („Leg ..."/„Befiehl ..."/„Gib ..."/ und „Dränge ...") mehrfach wiederholt, als könne der Mensch den Wandel zum Herbst kaum erwarten. Der Sprecher signalisiert sein Einverständnis mit dem Naturgeschehen, er begreift den Wandlungsprozeß der Natur als gut, als Weg zur „Vollendung". Hier zeigt sich ein Bild vom Herbst als der Jahreszeit, die den Höhepunkt im Ablauf der Natur darstellt, weil sie das Ergebnis des Wachsens und Werdens in Form von

Früchten darbietet. Die Sonnenuhr, die die Zeit mißt und mitteilt, kann man in diesem Kontext als Künderin der kosmischen Ordnung begreifen. Die Zeit ist das Medium, mit Hilfe dessen sich der Wandel in der Natur vollzieht. Die Vorstellung vom Wirken Gottes ist in diesen Strophen fast kindlich-naiv. Gott hat nicht nur die Schöpfung vollbracht und sie dann ihrem Selbstlauf nach den Naturgesetzen überlassen (wie der deistische Gottesbegriff postuliert), sondern Gott greift unmittelbar wirkend und steuernd ins Naturgeschehen ein. Die dritte Strophe wirft den Blick auf den Menschen. Er ist der Heimatlosigkeit und Einsamkeit preisgegeben. Das „Haus“ ist hier mehr als die äußere bauliche Hülle seiner Existenz. Es meint letztlich existentielle Geborgenheit und Sicherheit. Im Gegensatz zur unbelebten Natur, die eingebettet ist in den sich vollziehenden Wandel, ist der Mensch kraft der ihm verliehenen Freiheit für sein Leben selbst verantwortlich, er muß seine Heimat selber finden. Die moderne Philosophie redet hier vom „Geworfensein“ des Menschen. Die Unruhe des einsamen, heimatlosen Menschen teilt sich in der dritten Strophe auch sprachlich mit. Die zweimalig gebrauchte Wendung „Wer jetzt ...“, die Aufzählung im dritten Vers („wird wachen, lesen ...“) und die schwebende Betonung bei „unruhig wandern“ sind die sprachlichen Mittel, mit denen der Dichter hier die innere Unruhe des Sprechenden nachzeichnet. Auffällig an der äußeren Form des Gedichts sind die jeweils um einen Vers erweiterten Strophen (3 – 4 – 5). Das Metrum ist der fünfhebige Jambus, der jedoch durch Akzentverschiebungen am Beginn vieler Verse (vor allem bei der Anrede an Gott und bei den Imperativen) einen unruhigen, schwebenden Charakter bekommt.

Vorschlag zur Methode

Bei diesem Gedicht könnte man umgekehrt verfahren wie bei dem zuvor besprochenen „Herbst“. Die Schüler sollen den Anfang des Gedichts schreiben, der auf die Schlußstrophe hinführt und sie „begründet“. Wenn sie nur die Schlußstrophe zu lesen bekommen („Wer jetzt kein Haus hat ...“), müssen sie sich ausmalen, was den Sprecher bewogen haben mag, seiner Befürchtung, unruhig und einsam leben zu müssen, so vehement Ausdruck zu verleihen. Es geht letztlich um die Ausmalung des „jetzt“. In den Augen der Schüler ist es in der Regel ein Hinweis auf die negativen Seiten des Herbstes, auf Nässe, Winde, trübe Tage usw. Die treibenden Blätter in den Alleen in der letzten Strophe werden von ihnen als ein in diese Richtung weisendes Indiz gewertet. Die Gedichtanfänge der Schüler malen also fast immer die rauhe Herbststimmung in der Natur aus, die dann als für sie logische Schlußfolgerung den Wunsch nach einem Haus – im konkreten Sinne verstanden – nach sich ziehen muß. Nur ab und an gelingt es einem Schüler, zur philosophischen Dimension des Gedichts vorzustoßen. Wie auch immer, die Diskussionen um die Fassungen der Schüler und das Original von Rilke verlaufen engagiert und führen fast immer zu einem tieferen Verständnis der Gedankenwelt des Dichters und deren sprachlicher Realisierung im Kunstwerk. Der Lehrer sollte, wenn er den Arbeitsauftrag erteilt, natürlich nicht verlangen, daß die

Schüler den Duktus des Rilke-Gedichts nachahmen. Das kann ihnen nicht gelingen. Deshalb sollte ihnen Umfang und Sprachform (prosanahe oder metrisch gegliederte Sprache) freigestellt sein.

Winter

Gottfried Keller: „Winternacht"

Didaktische Begründung

Das Gedicht von Keller ist ein ungewöhnliches Wintergedicht. Ist man von der üblichen Winterlyrik gewohnt, daß von verschneiten Landschaften, Eiszapfen und der Flucht der Menschen an den warmen Herd die Rede ist, schildert dieses Gedicht die Begegnung des Menschen mit einer übernatürlichen Wirklichkeit. Die eisesstarre Winterlandschaft ist hier nur die äußere Szenerie, in der sich die mit großer Eindringlichkeit geschilderte Konfrontation mit einem Leben „unterhalb" dieser Winter-Wirklichkeit vollzieht. Das Gedicht zeigt, wie der Mensch verstört wird durch das Eindringen einer anderen Realität in seine alltägliche Welt. Eine weitere Lesart des Gedichts ergibt sich aus dem verwendeten Nixenmotiv. Die mystische Erscheinung eines Frau-Wesens zieht den Mann in seinen Bann. Die Nixe im Gedicht erinnert an Undine in de la Motte Fouqués Novelle, die auch nur durch die Liebesvereinigung mit einem Menschen von ihrer Seelenlosigkeit erlöst werden kann. Beide Lesarten sind im Deutschunterricht fruchtbar zu vermitteln. Schüler sind empfänglich für Erfahrungen jenseits dessen, was „unsere Schulweisheit" zu erahnen und zu beweisen vermag. Die Hinwendung vieler junger Menschen zu Sekten und zu spiritistischen Vereinigungen ist dafür ein deutlicher Beleg. Der erotische Aspekt, der in der Nixen-Mythologie enthalten ist, ist ebenfalls mit Heranwachsenden gut und spannend zu diskutieren. Man könnte z. B. der Frage nachgehen, ob sich in den Nixengestalten in Mythologie und Literatur nicht unerfüllte Phantasien des Mannes ausdrücken? Ein weiterer Reiz dieses Gedichtes für den Unterricht besteht darin, daß das produktionsorientierte Verfahren hier mit einer neuen Variante angewandt werden kann. Es liegt hier nahe, den angedeuteten Rollencharakter des Gedichts fruchtbar zu machen und den stumm bleibenden Figuren, Nixe und Eiswanderer, Sprache zu verleihen.

Interpretationsskizze

Das Gedicht beginnt mit Bildern winterlicher Erstarrung und Bewegungslosigkeit. Die dreimalige Verneinung verdeutlicht, daß hier Leben gleichsam eingefroren, zum Nichtleben verurteilt ist. Der „starre See“ – die Eisdecke auf dem See – leitet über zu dem in der zweiten Strophe mitgeteilten übersinnlichen Erlebnis. Eine Wassernixe hat sich an einem auf dem Seegrund wachsenden Baum nach oben gehangelt und sieht durch das Eis in die Welt des Menschen. In der dritten Strophe gibt sich das lyrische Ich als derjenige (man kann einen Mann vermuten) zu erkennen, der die übersinnliche Erscheinung erlebt. Was er sieht, ist unheimlich („schwarze Tiefe“) und verlockend („weiße Schönheit“) zugleich. Werner Weber nennt dies eine Erscheinung von „schauerlicher Schönheit“. (Werner Weber: „Schauer und Respekt.“ In: Frankfurter Anthologie, Bd. 16, Frankfurt/M. 1993, S. 88.) Das Wasserwesen will das Schattenreich verlassen, das eigene unerlöste Leben im Reich der Menschen vom Bann befreien. Die „harte Decke“ des Eises verhindert diesen Befreiungsversuch. Der Beobachter bleibt passiv, registriert stumm mit einem Anflug von Grauen und Mitleid das Geschehen. Dies hinterläßt bei ihm einen bleibenden Eindruck, bewirkt ein fortdauerndes Betroffensein. Sprachlich wird dies deutlich durch den Wechsel vom erzählenden Präteritum zur Gegenwartsrede („Ich vergeß das dunkle Antlitz nie“) in der letzten Strophe.

Das Gedicht arbeitet sehr stark mit Farbeindrücken. Dem „weißen Schnee“ der starren Winterlandschaft (Strophe 1) steht die „schwarze Tiefe“ des Sees gegenüber (Strophe 3), von der sich wiederum die weiße Nixengestalt kontrastierend abhebt (Strophe 3). Das geheimnisvoll Schimmernde der „Unterwelt“ wird mit der Farbe grün angedeutet (Strophe 2). Das Gesicht der Nixe wird zum Schluß als „dunkles Antlitz“ bezeichnet, was zur weißen Gestalt in Widerspruch zu stehen scheint. Hier muß man beachten, daß sich der Sprecher des Gedichts an dieses Antlitz so erinnert. Im Nachsinnen über das Erlebte erscheint ihm das Gesicht der Wasserfrau als dunkel – vielleicht mimischer Ausdruck der Aussichtslosigkeit ihres Befreiungsversuches. Die Bezeichnung „mit ersticktem Jammer“ deutet eine solche Verfassung der Nixe an.

Das verwendete Metrum ist der 5füßige Trochäus. Die durchgängig vorkommenden männlichen Verschlüsse geben dem Gedicht etwas Hartes und Sprödes – adäquater Ausdruck der winterlichen Starre.

Methodische Hinweise

Man könnte dieses Gedicht richtig inszenieren, indem die stumm bleibenden „Rollen“ mit Leben, d. h. mit Sprache erfüllt werden. Nixe und Eiswanderer, die im Gedicht stumm bleiben bzw. nur gestisch reagieren („tastet sie ... hin und

her"), sollen ihre Verzauberung bzw. Verstörung (Mann) und ihren Erlösungswunsch (Nixe) sprachlich ausdrücken. Hier wären zwei Varianten möglich. Einerseits könnte die Aufgabe für die Schüler darin bestehen, beide Rollen in Rede und Gegenrede aufzuschreiben. Bei der zweiten Variante müßten sich die Schüler für eine der Figuren entscheiden und deren Empfinden in Form einer Art Rede aufschreiben. Da das Gedicht nicht einfach zu verstehen ist – den Schülern auf der Mittelstufe fehlt in der Regel der mythologische Hintergrund – muß es vor der Schreibaufgabe gemeinsam besprochen werden. Hier kann der Lehrer die Analyse schon so akzentuieren, daß auf die Schreibaufgabe der Schüler hingewirkt wird. Er sollte die Textstellen betonen, wo der Leser Einblick in das Innere der beiden Figuren erhält (z. B. „Ich vergeß das dunkle Antlitz nie" oder „Mit ersticktem Jammer tastet' sie"). Bei der Schreibaufgabe ist es natürlich erlaubt und erwünscht, die Gedankenwelt der beiden Figuren auszuspinnen. Die Situation im Gedicht, die zwangsläufig in sehr komprimierter Form geschildert ist, soll nur den Ausgangspunkt liefern für die „eigene Geschichte". Der Fabulierlust der Schüler sollte hier keine Grenzen gesetzt werden.
Der Vortrag der Ergebnisse könnte in der Klasse ebenfalls szenisch erfolgen. Die beiden „Figuren" stellen sich vor die Klasse und verlesen in Rede und Gegenrede die Texte. Wenn ein Schüler sich für Variante eins entschieden und beide Reden geschrieben hat, sollte ein Mitschüler den zweiten Part vorlesen, so daß der Eindruck, es sprächen zwei Personen, erhalten bleibt.

Weiterführungsmöglichkeit

Georg Trakl: „Ein Winterabend" und Joseph von Eichendorff: „Winternacht"
Die beiden Gedichte setzen das Motiv des Winters lyrisch fort, allerdings mit in Ton und Bildlichkeit völlig unterschiedlichen Akzenten. Dieser Gegensatz kann für die Vorgehensweise im Unterricht fruchtbar gemacht werden. Dazu soll das Trakl-Gedicht dadurch verfremdet werden, daß man zwei Strophen des Eichendorff-Gedichtes „hineinschmuggelt" (s. A 6.10). Die Schüler sollen das fremde, nicht dazugehörige Textelement erkennen und ihre Entscheidung anhand inhaltlicher und sprachlicher Merkmale begründen. Die eingefügten Strophen sind so gewählt, daß sie rein äußerlich „dazupassen". Nur bei genauerem Hinsehen und bei vorhandenem rhythmischem Gespür erkennt man, daß der Eichendorffsche Ton („redet wie im Traume") und auch das jambische Metrum nicht zum Rest passen wollen. In beiden Textsubstraten findet man religiös zu deutende Textstellen. Aber auch hier erkennt man bei genauerem Hinsehen die Unterschiede. Während Eichendorff sich optimistisch zu „Gottes Lob" bekennt, also eine ungebrochene Gläubigkeit an den Tag legt, sind die Verweise auf die Verheißung der christlichen Religion bei Trakl symbolisch verschlüsselt („Baum der Gnaden"/ „Brot und Wein") und eingebettet in Zeichen des Schmerzes und des Leids. Methodisch kann so verfahren werden, daß die Schüler sich zu Beginn der Bespre-

chung alleine mit der Aufgabe befassen, ohne daß das Textgebilde gemeinsam besprochen wird. Danach sollen einige Schüler aus der Klasse darlegen, welche Textteile sie als unpassend erkannt haben. Das Gespräch führt zur Interpretation der Gedichte, die den Schülern zuvor im Wortlaut präsentiert werden.

Kurzinterpretationen

Georg Trakl: „Ein Winterabend"
Das Gedicht stellt Sphären einander gegenüber. Das kalte Draußen des Winters tritt in Kontrast mit dem „wohlbestellten" Haus. Das abendliche Glockengeläut könnte man als Mittler zwischen den beiden Sphären verstehen. In bäuerlicher Zeit hatten die Glocken die Funktion, die arbeitenden Menschen vom Feld zum Feierabend ins Dorf zurückzurufen. Über die rein zeitliche Funktion hinaus waren die Glocken noch Künder des christlichen Glaubens. Noch ein anderer Gegensatz durchzieht das Gedicht. Der Wanderer steht für den leidenden und Erlösung suchenden Menschen („dunklen Pfaden"/„Schmerz versteinerte ..."). Ihm wird Erlösung verheißen durch eine Sphäre, die im Gedicht als „golden" und von „reiner Helle" geprägt bezeichnet wird. „Brot und Wein" ist in diesem Kontext die mystische Verklärung des Abendmahlsymbols. Das Große, Helle und Glänzende dieser Sphäre steht dem Gequälten und Düsteren des menschlichen Schicksals als Verheißung gegenüber. Das Gedicht hat einen Ton der Resignation und Verlorenheit, den auch die christlichen Zeichen der Erlösung nicht zu verdrängen vermögen. Das Metrum sind vierhebige Trochäen mit männlichen und weiblichen Kadenzen – eingebunden in den umschließenden Reim (abba). Die Metaphern, die nicht voll aufzulösen sind (z. B. „Schmerz versteinerte die Schwelle"), verleihen dem Gedicht etwas Rätselhaftes.

Joseph von Eichendorff: „Winternacht"
Auch dieses Gedicht arbeitet mit Gegensätzen. Der Einsamkeit und Trostlosigkeit der Winterlandschaft in Strophe eins wird die Vision vom erwachenden Frühling (Strophe drei) gegenübergestellt. Der Winter erscheint so nur als ein freudloses Zwischenstadium, das durch die hoffnungsfrohe Aussicht auf den Frühling für den Menschen erträglich wird. Der Wandel in der Natur, ihre immer wiederkehrende Erneuerung im Frühling („im neuen Blütenkleid") steht im Einklang mit Gottes Schöpfungsplan. Das Wissen um diesen Wandel läßt das lyrische Ich einen Stimmungswandel vollziehen. Aus der Trauer in der ersten Strophe („ich hab nichts, was mich freute") wird in der dritten Strophe der Jubelruf „zu Gottes Lob". Letztlich formuliert das Gedicht den Einklang von Ich, Natur und Gott. Dieser Sachverhalt, die Verwendung der Schlüsselbegriffe (träumen, Quellenrauschen, sacht) und der „Als-ob-Gestus" („redet wie im Traume") sind typisch für die Romantik. Das Gedicht ist im jambischen Versmaß mit vier Hebungen verfaßt worden. Das Reimschema ist der Kreuzreim.

Aufsatzthema

Hermann Hesse: „Vergänglichkeit“

Didaktische Begründung

Die Schüler haben in der Sequenz „Jahreszeitliche Gedichte“, die den Schwerpunkt auf Herbstgedichte legt, unterschiedliche Ausprägungen von Gedichten zu diesem Thema kennengelernt. Es ist sinnvoll, auch als Aufsatzthema ein Herbstgedicht analysieren und deuten zu lassen. Mit Hesses Gedicht wird eines vorgeschlagen, das einerseits eine thematische Nähe zu im Unterricht besprochenen hat (z. B. zu den Rilkegedichten), andererseits auch mit einem produktionsorientierten Verfahren zu bearbeiten ist. Wie bei den Sommergedichten von Hesse und Kirsch sollen die Schüler die richtige Reihenfolge der Gedichtverse wieder herstellen. Die Textrekonstruktion und die Interpretation miteinander zu kombinieren, hat sich bei Aufsätzen bewährt, vorausgesetzt, die Schüler haben genügend Zeit, sich der kreativen Arbeit mit dem Text zu widmen. Auch darf das Resultat dieser Rekonstruktionsarbeit nicht mit einem „Richtig“ oder „Falsch“ bewertet werden, weil sonst die sich anschließende Deutung ihrer eigenen Textfassung ihren Sinn verlöre. Es ist also eine integrierte und möglichst einfühlsame Bewertung am Platze, die Rekonstruktion und Deutung als einen Vorgang bewertet.

Interpretationsskizze

Das lyrische Ich fühlt, wie sein Leben allmählich zu Ende geht („Vom Baum des Lebens fällt mir Blatt um Blatt“). Das Leben war voll intensiven Genusses („O taumelbunte Welt“/„wie machst du trunken!“); der Sprecher ist davon müde und ausgebrannt geworden („Satt und müd“). Er fühlt sogar das Ende nahen („braunes Grab“). Er sieht in einer Art Vision, wie sich seine Mutter über sein Grab herabbeugt. Für einen Moment verschwimmen Gegenwart und Vergangenheit. Er sieht sich als kleines Kind, das schon in die Augen der Mutter gesehen hat. Diese Erinnerung an die eigene Mutter weckt den Gedanken an die „Mutter Natur“, die ewig ist, weil sie immer wieder Leben hervorbringt („Nur die ewige Mutter bleibt“). Deshalb wird das Leben an sich nie aussterben, auch wenn einzelne Lebewesen vergehen („alles stirbt“). In der bunten Vielfalt des Lebens auf der Erde ist der Mensch nur ein flüchtiges Wesen („schreibt in die flüchtige Luft unsre Namen“). Das Gedicht zeigt die letztlich zuversichtliche Lebenshaltung des Dichters. Sie ist geprägt durch fernöstliches Denken: Der Tod des einzelnen wird durch die Wiedergeburt des Lebens in anderer Form aufgehoben.

Sprachlich ist das Gedicht geprägt durch eine Vielzahl von Bildern und Metaphern, die dem Gedicht bei aller weltanschaulicher Substanz Bildhaftigkeit und Prägnanz verleihen. Des weiteren finden sich poetische Mittel, die der Nachdrücklichkeit dienen (Anaphern, Antithesen und Inversionen). Das Metrum wechselt vom 2- und 3füßigen Jambus zu Beginn zum trochäisch und daktylisch geprägten Mittelteil (Verse 10–18) und zu den vom Anapäst bestimmten Schlußversen 19 und 20. Die Kadenzen sind teils stumpf, teils gemischt.

Literaturhinweise

Der Deutschunterricht: Lyrik. Heft 3/87, Velber, Juni 1987.

Der Deutschunterricht: Interpretation und ihre Schwierigkeiten in der Schule. Heft 6/82, Stuttgart, Dezember 1982, Klett Verlag.

Hans Doderer: „Mörderische Moral". In: „Tagesspiegel", Berlin, 1. 8. 1993.

Gerhard Haas, Wolfgang Menzel, Kaspar H. Spinner: Handlungs- und produktionsorientierter Literaturunterricht. In: „Praxis Deutsch" Nr. 123, Januar 1994, Erhard Friedrich Verlag, Velber, S. 17ff.

Renate von Heydebrand: Eduard Mörikes Gedichtwerk. Stuttgart 1972, Metzler Verlag, S. 26–30.

Werner Keller: „Die Extreme berühren sich". In: Frankfurter Anthologie, Bd. 13, Frankfurt/M. 1990, S. 46.

Hermann Kurzke: „Tristesse der Lebensgier, Tristesse der Einsamkeit". In: Frankfurter Anthologie, Bd. 16, Frankfurt/M. 1993, S. 92.

Wolfgang Menzel: Vom sprachlichen Handeln zum Text. In: „Praxis Deutsch" Nr. 123, Januar 1994, Erhard Friedrich Verlag, Velber, S. 63ff.

Heinz Politzer: „Mutter Nacht". In: Frankfurter Anthologie, Bd. 2, Frankfurt/M. 1977, S. 62–64.

Gert Rickheit: Zur Genese eines Gedichtes. C. F. Meyers: Der römische Brunnen. In: Menzel/Binneberg: Modelle für den Literaturunterricht. Braunschweig 1970, Westermann Verlag, S. 95ff.

Genia Schulz: Ballade von der Hanna Cash. Lektion über die Lebenskunst. In: Lehmann/Lethen: Brechts „Hauspostille", Stuttgart 1978, S. 173ff.

Gertrud Storm: Theodor Storm, ein Bild seines Lebens, Bd. 1, 2. Aufl. Berlin 1912, S. 191.

Werner Weber: „Der Dichter von nebenan". In: Frankfurter Anthologie, Bd. 18, Frankfurt/M. 1995.

Werner Weber: „Schauer und Respekt". In: Frankfurter Anthologie, Bd. 16, Frankfurt/M. 1993, S. 88.

Rainer Werner: Lyrik in der Sekundarstufe II, 20 handlungs- und produktionsorientierte Vorschläge; Reihe Unterrichtsideen, Stuttgart 1994, Klett Verlag.